진각국사(眞覺國師)

오로지 정법만을 깨닫기 서원합니다.

입을 열면 정법만을 설하기 서원합니다.

중생이 다하는 그날까지 교화하기 서원합니다.

−대원 문재현 전법선사의 3대 서원

근현대 전법선맥(傳法禪脈)

75조 경허 성우(鏡虛 惺牛) 선사

홀연히 콧구멍 없는 소 되라는 말끝에	忽聞人語無鼻孔
삼천계가 내 집임을 단박에 깨달았네	頓覺三千是我家
유월의 연암산을 내려가는 길에서	六月鷰岩山下路
일없는 야인이 태평가를 부르노라	野人無事太平歌

76조 만공 월면(滿空 月面) 선사

구름과 달, 산과 계곡이라, 곳곳에서 같음이여	雲月溪山處處同
선가의 나의 제자 수산의 큰 가풍일세	叟山禪子大家風
은근히 무문인을 그대에게 분부하니	慇懃分付無文印
이 기틀의 방편이 활안 중에 있노라	一段機權活眼中

77조 전강 영신(田岡 永信) 선사

전법게

불조도 전한 바 없어서	佛祖未曾傳
나 또한 얻은 바 없음을…	我亦無所得
가을빛 저물어 가는 날에	此日秋色暮
뒷산의 원숭이가 울고 있네	猿嘯在後峰

78대 대원 문재현(大圓 文載賢) 선사

전법게

부처와 조사도 일찍이 전한 것이 아니거늘	佛祖未曾傳
나 또한 어찌 받았다 하며 준다 할 것인가	我亦何受授
이 법이 2천년대에 이르러서	此法二千年
널리 천하 사람을 제도하리라	廣度天下人

부송(付頌)

어상을 내리지 않고 이러-히 대한다 함이여	不下御床對如是
뒷날 돌아이가 구멍 없는 피리를 불리니	後日石兒吹無孔
이로부터 불법이 천하에 가득하리라	自此佛法滿天下

이 오도송과 전법게는 대원 문재현 선사님께서 법리에 맞도록 새롭게 번역한 것입니다.

2013년 정맥선원 하계수련회 - 성불사 국제정맥선원에서 대원 문재현 전법선사님과 함께

불교 8대 선언문

불교는 자신에게서 영생을 발견하게 한 유일한 종교이다.
불교는 자신에게서 모든 지혜를 발견하게 한 유일한 종교이다.
불교는 자신에게서 모든 능력을 발견하게 한 유일한 종교이다.
불교는 자신에게서 모든 것을 이루게 한 유일한 종교이다.
불교는 자신에게서 극락을 발견하게 한 유일한 종교이다.
불교는 깨달으면 차별 없어 평등하다는 유일한 종교이다.
불교는 모든 억압 없이 자신감을 갖게 한 유일한 종교이다.
불교는 그러므로 온 누리에 영원할 만인의 종교이다.

– 대원 문재현 전법선사 주창

바로보인 선문염송 23

바로보인 출판사는 정맥선원에서 운영하고 있습니다.

* 인제산(人濟山) 성불사(成佛寺) 국제정맥선원
  487-835, 경기도 포천시 내촌면 음현리 140-2 ☎ 031-531-8805
* 광암산(光巖山) 성도사(成道寺) 광주정맥선원
  506-453, 광주광역시 광산구 오운동 115-3 ☎ 062-944-4088
* 도봉산(道峯山) 도봉정사(道峯精舍) 서울정맥선원
  132-010, 서울시 도봉구 도봉동 559-24 문젠빌딩 2층 ☎ 02-3494-0122
* 백양산(白楊山) 자모사(慈母寺) 부산정맥선원
  607-120, 부산시 동래구 사직동 113-1번지 대륙코리아나 2층 212호 ☎ 051-503-6460
* 인제산(人濟山) 이룬절 포천정맥선원
  487-835, 경기도 포천시 내촌면 음현리 8번지 ☎ 031-532-1918
* 대통산(大通山) 대통사(大通寺) 해남정맥선원
  487-835, 전남 해남군 화산면 안호리 산 62-2 중정마을 대통산 ☎ 010-8822-3603

바로보인 불법 ⑩
바로보인 선문염송(禪門拈頌) 23

초판 1쇄 박은날 단기 4346년, 불기 3040년, 서기 2013년 8월 23일
초판 1쇄 펴낸날 단기 4346년, 불기 3040년, 서기 2013년 8월 31일

역　　저 대원 문재현 선사
펴 낸 곳 도서출판 바로보인
　　　　 487-835, 경기도 포천시 내촌면 음현리 140
　　　　 전화 031-534-3373 팩스 031-533-3387
신고번호 2010.11.24. 제2010-000004호

편집·윤문 진성 윤주영
제작·교정 도명 정행태, 진연 윤인선
인　　쇄 가람문화사

www.zenparadise.com

잘못된 책은 교환해 드립니다.
값 15,000원

ISBN 978-89-86214-44-4 04220
ISBN 978-89-86214-21-5 (전30권)

불조정맥(佛祖正脈)

인 도

교조 석가모니불 (教祖 釋迦牟尼佛)

1 조 마하가섭 (摩訶迦葉)

2 조 아난다 (阿難陀)

3 조 상나화수 (商那和脩)

4 조 우바국다 (優波鞠多)

5 조 제다가 (提多迦)

6 조 미차가 (彌遮迦)

7 조 바수밀 (婆須密)

8 조 불타난제 (佛陀難提)

9 조 복타밀다 (伏馱密多)

10조 파율습박(협) (波栗濕縛, 脇)

11조 부나야사 (富那夜奢)

12조 아나보리(마명) (阿那菩提, 馬鳴)

13조 가비마라 (迦毗摩羅)

14조 나가르주나(용수) (那閼羅樹那, 龍樹)

15조 가나제바 (迦那提波)
16조 라후라타 (羅睺羅陀)
17조 승가난제 (僧伽難提)
18조 가야사다 (迦耶舍多)
19조 구마라다 (鳩摩羅多)
20조 사야다 (闍夜多)
21조 바수반두 (婆修盤頭)
22조 마노라 (摩拏羅)
23조 학륵나 (鶴勒那)
24조 사자보리 (師子菩提)
25조 바사사다 (婆舍斯多)
26조 불여밀다 (不如密多)
27조 반야다라 (般若多羅)
28조 보리달마 (菩提達磨)

중 국

29조 신광 혜가 (2 조 神光 慧可)
30조 감지 승찬 (3 조 鑑智 僧璨)
31조 대의 도신 (4 조 大醫 道信)
32조 대만 홍인 (5 조 大滿 弘忍)

33조 대감 혜능 (6조 大鑑 慧能)
34조 남악 회양 (7조 南嶽 懷讓)
35조 마조 도일 (8조 馬祖 道一)
36조 백장 회해 (9조 百丈 懷海)
37조 황벽 희운 (10조 黃檗 希雲)
38조 임제 의현 (11조 臨濟 義玄)
39조 흥화 존장 (12조 興化 存奬)
40조 남원 혜옹 (13조 南院 慧顒)
41조 풍혈 연소 (14조 風穴 延沼)
42조 수산 성념 (15조 首山 省念)
43조 분양 선소 (16조 汾陽 善昭)
44조 자명 초원 (17조 慈明 楚圓)
45조 양기 방회 (18조 楊岐 方會)
46조 백운 수단 (19조 白雲 守端)
47조 오조 법연 (20조 五祖 法演)
48조 원오 극근 (21조 圓悟 克勤)
49조 호구 소륭 (22조 虎丘 紹隆)
50조 응암 담화 (23조 應庵 曇華)
51조 밀암 함걸 (24조 密庵 咸傑)
52조 파암 조선 (25조 破庵 祖先)
53조 무준 사범 (26조 無準 師範)
54조 설암 혜랑 (27조 雪岩 慧郎)
55조 급암 종신 (28조 及庵 宗信)
56조 석옥 청공 (29조 石屋 淸珙)

한 국

57조 태고 보우 (1조 太古 普愚)
58조 환암 혼수 (2조 幻庵 混脩)
59조 구곡 각운 (3조 龜谷 覺雲)
60조 벽계 정심 (4조 碧溪 淨心)
61조 벽송 지엄 (5조 碧松 智儼)
62조 부용 영관 (6조 芙蓉 靈觀)
63조 청허 휴정 (7조 淸虛 休靜)
64조 편양 언기 (8조 鞭羊 彦機)
65조 풍담 의심 (9조 楓潭 義諶)
66조 월담 설제 (10조 月潭 雪霽)
67조 환성 지안 (11조 喚醒 志安)
68조 호암 체정 (12조 虎巖 體淨)
69조 청봉 거안 (13조 靑峰 巨岸)
70조 율봉 청고 (14조 栗峰 靑杲)
71조 금허 법첨 (15조 錦虛 法沾)
72조 용암 혜언 (16조 龍巖 慧言)
73조 영월 봉율 (17조 詠月 奉律)
74조 만화 보선 (18조 萬化 普善)
75조 경허 성우 (19조 鏡虛 惺牛)
76조 만공 월면 (20조 滿空 月面)
77조 전강 영신 (21조 田岡 永信)
78대 대원 문재현 (22대 大圓 文載賢)

대원 문재현 선사님 인가 내력

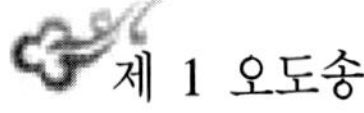

제 1 오도송

이 몸을 끄는 놈 이 무슨 물건인가?
골똘히 생각한 지 서너 해 되던 때에
쉬이하고 불어온 솔바람 한 소리에
홀연히 대장부의 큰 일을 마치었네

무엇이 하늘이고 무엇이 땅이런가
이 몸이 청정하여 이러-히 가없어라
안팎 중간 없는 데서 이러-히 응하니
취하고 버림이란 애당초 없다네

하루 온종일 시간이 다하도록
헤아리고 분별한 그 모든 생각들이
옛 부처 나기 전의 오묘한 소식임을
듣고서 의심 않고 믿을 이 누구인가!

此身運轉是何物
疑端汨沒三夏來
松頭吹風其一聲
忽然大事一時了

何謂青天何謂地
當體淸淨無邊外
無內外中應如是
小分取捨全然無

一日於十有二時
悉皆思量之分別
古佛未生前消息
聞者卽信不疑誰

대원 문재현 선사님의 스승이신 불조정맥 제77조 조계종(曹溪宗) 전강(田岡) 대선사님께서 1962년 대구 동화사의 조실로 계실 당시 대원 문재현 선사님께서도 동화사에 함께 머무르고 계셨다.

하루는, 전강 대선사님께서 대원 선사님의 3연으로 되어 있는 제1오도송을 들어 깨달은 바는 분명하나 대개 오도송은 짧게 짓는다고 말씀하셨다. 이에 대원 선사님께서는 제1오도송을 읊은 뒤, 도솔암을 떠나 김제들을 지나다가 석양의 해와 달을 보고 문득 읊었던 제2오도송을 일러드렸다.

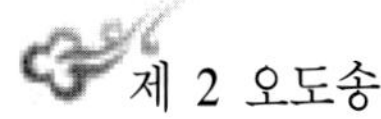

제 2 오도송

해는 서산 달은 동산 덩실하게 얹혀 있고
김제의 평야에는 가을빛이 가득하네
대천이란 이름자도 서지를 못하는데
석양의 마을길엔 사람들 오고 가네

日月兩嶺載同模
金提平野滿秋色
不立大千之名字
夕陽道路人去來

제2오도송을 들으신 전강 대선사님께서는 이에 그치지 않고 그와 같은 경지를 담은 게송을 이 자리에서 즉시 한 수 지어볼 수 있겠냐고 하셨다. 대원 선사님께서는 곧바로 다음과 같이 읊으셨다.

바위 위에는 솔바람이 있고
산 아래에는 황조가 날도다
대천도 흔적조차 없는데
달밤에 원숭이가 어지러이 우는구나

岩上在松風
山下飛黃鳥
大千無痕迹
月夜亂猿啼

전강 대선사님께서는 위 송의 앞의 두 구를 들으실 때만 해도 지그시 눈을 감고 계시다가 뒤의 두 구를 마저 채우자 문득 눈을 뜨고 기뻐하는 빛이 역력하셨다.

그러나 전강 대선사님께서는 여기에서도 그치지 않고 다시 한 번 물으셨다.

"대중들이 자네를 산으로 불러내고 그 중에 법성(향곡 스님 법제자인 진제 스님. 나중에 법원으로 개명)이 달마불식(達磨不識) 도리를 일러보라 했을 때 '드러났다'고 답했다는데, 만약에 자네가 당시의 양무제였다면 '모르오'라고 이르고 있는 달마 대사에게 어떻게 했겠는가?"

대원 선사님께서 답하셨다.

"제가 양무제였다면 '성인이라 함도 서지 못하나 이러-히 짐의 덕화와 함께 어우러짐이 더욱 좋지 않겠습니까?' 하며 달마 대사의 손을 잡아 일으켰을 것입니다."

전강 대선사님께서 탄복하며 말씀하셨다.

"어느새 그 경지에 이르렀는가?"

"이르렀다곤들 어찌 하며, 갖추었다곤들 어찌 하며, 본래라곤들 어찌 하리까? 오직 이러-할 뿐인데 말입니다."

대원 선사님께서 연이어 말씀하시자 전강 대선사님께서 이에 환희하시니 두 분이 어우러진 자리가 백아가 종자기를 만난 듯, 고수 명창 어울리듯 화기애애하셨다.

달마불식 공안에 대한 위의 문답은 내력이 있는 것이다. 전강 대선사님께서 대원 선사님을 부르기 며칠 전에, 저녁 입선 시간 중에 노장님 몇 분만이 자리에 앉아있을 뿐 자리가 텅텅 비어 있었다고 한다.

대원 선사님께서 이상히 여기고 있던 중, 밖에서 한 젊은 수좌가 대원 선사님을 불렀다. 그 수좌의 말이 스님들이 모두 윗산에 모여 기다리고 있으니 가자고 하기에 무슨 일인가 하고 따라가셨다.

그러자 그 자리에 있던 법성 스님이 보자마자 달마불식 법문을 들고 이르라고 하기에 지체없이 답하셨다.

"드러났다."

곁에 계시던 송암 스님께서 또 안수정등 법문을 들고 물으셨다.

"여기서 어떻게 살아나겠소?"

대뜸 큰소리로 이르셨다.

"안 · 수 · 정 · 등."

이에 좌우에 모인 스님들이 함구무언(緘口無言)인지라 대원 선사님께서는 먼저 그 자리를 떠나 내려와 버리셨다.

그 다음날 입승인 명허 스님께서 아침 공양이 끝난 자리에서 지난 밤 입선시간 중에 무단으로 자리를 비운 까닭을 묻는 대중 공사를 붙여 산 중에서 있었던 일들이 낱낱이 드러나고 말았다. 그리하여 입선시간 중에 자리를 비운 스님들은 가사 장삼을 수하고 조실인 전강 대선사님께 참회의 절을 했던 일이 있었다.

전강 대선사님께서는 이때에 대원 선사님께서 달마불식 도리에 대해 일렀던 경지를 점검하셨던 것이다.

이런 철저한 검증의 자리가 있었던 다음 날, 전강 대선사님께서 부르시기에 대원 선사님께서 가보니 주지인 월산(月山) 스님께서 모든 것이 약조된 데에서 입회해 계셨으며 전강 대선사님께서는 곧바로 다음과 같이 전법게(傳法偈)를 전해주셨다.

전 법 게

부처와 조사도 일찍이 전한 것이 아니거늘
나 또한 어찌 받았다 하며 준다 할 것인가
이 법이 2천년대에 이르러서
널리 천하 사람을 제도하리라

佛祖未曾傳
我亦何受授
此法二千年
廣度天下人

덧붙여 이 일은 월산 스님이 증인이며 2000년까지 세 사람 모두 절대 다른 사람이 알게 하거나 눈에 띄게 하지 않아야 한다고 당부하셨다.

만약 그러지 않을 시에는 대원 선사님께서 법을 펴 나가는데 장애가 있을 것이라고 예언하셨다. 또한 각별히 신변을 조심하라 하시고 월산 스님에게 명령해 대원 선사님을 동화사의 포교당인 보현사에 내려가 교화에 힘쓰게 하셨다.

대원 선사님께서 보현사로 떠나는 날, 전강 대선사님께서는 미리 적어두셨던 부송(付頌)을 주셨으니 다음과 같다.

부 송

어상을 내리지 않고 이러-히 대한다 함이여
뒷날 돌아이가 구멍 없는 피리를 불리니
이로부터 불법이 천하에 가득하리라

不下御床對如是
後日石兒吹無孔
自此佛法滿天下

위의 송의 '어상을 내리지 않고 이러-히 대한다 함이여'라는 첫째 줄 역시 내력이 있는 구절이다.

전에 대원 선사님께서 전강 대선사님을 군산 은적사에서 모시고 계실 당시 마당에서 홀연히 마주쳤을 때 다음과 같은 문답이 있었다.

전강 대선사님께서 물으셨다.

"공적(空寂)의 영지(靈知)를 이르게."

대원 선사님께서 대답하셨다.

"이러-히 스님과 대담(對談)합니다."

"영지의 공적을 이르게."

"스님과의 대담에 이러-합니다."

"어떤 것이 이러-히 대담하는 경지인가?"

"명왕(明王)은 어상(御床)을 내리지 않고 천하 일에 밝습니다."

위와 같은 문답 중에 대원 선사님께서 답하신 경지를 부송의 첫째 줄에 담으신 것이다.

전강 대선사님께서 대원 선사님을 인가(印可)하신 과정을 볼 때 한 번, 두 번, 세 번을 확인하여 철저히 점검하신 명안종사의 안목에 탄복하지 않을 수 없으며 이에 끝까지 1초의 머뭇거림도 없이 명철하셨던 대원 선사님께 찬탄하지 않을 수 없다.

그리하여 법열로 어우러진 두 분의 자리가 재현된 듯 함께 환희 용약하지 않을 수 없다.

이제 전강 대선사님과 약속한 2천년대를 맞이하였으므로 여기에 전법게를 밝힌다.

이로써 경허, 만공, 전강 대선사님으로 내려온 근대 대선지식의 정법의 횃불이 이 시대에 이어져 전강 대선사님의 예언대로 불법이 천하에 가득할 것이다.

바로보인 불법 ⑩

바로보인 선문염송(禪門拈頌)

23

대원 문재현 선사 역저

책을 내면서

『선문염송(禪門拈頌)』은 『전등록(傳燈錄)』과 더불어 세계 최대의 공안집(公案集)이다. 중국에서 출간된 『경덕전등록(景德傳燈錄)』의 양억이 쓴 서문에 의하면 경덕전등록 전30권에는 1,701명의 선사님이 실려 있다.

그런데 선사님 한 분의 어록 안에 여러 공안이 실려 있으므로 전체 공안의 수는 책에 실린 선사님의 수보다 훨씬 많다고 할 것이다.

『선문염송』 역시 본 공안만 해도 1,463칙으로 이루어져 있다. 게다가 각 공안마다 많게는 수십 분, 적게는 한두 분 선사님의 법문과 송(頌)이 딸려 있고, 각 법문과 송에 또한 많은 공안도리가 숨어 있으니 그것들을 다 든다면 만 여 공안이 넘어 오히려 『전등록』의 공안 수를 훨씬 웃돌 것이라고 본다.

이러한 보배 중의 보배가 설두(雪竇) 선사님의 후신이라고 일컬어지는 고려 진각(眞覺) 국사님에 의해 완성되어 우리나라에서 초유로 간행되었으니 자랑스러운 일이라 아니할 수 없다.

『선문염송』을 보며 석가모니 부처님께서 병에 따라 약을 주시듯 근기에 따라 갖은 방편을 다하여 자유자재 수행인을 제접하신 바가 참으로 희유한 법인 공안도리를 이루게 되었다는 것에서 새삼 경외감을 느꼈다. 또한 설두 선사와 진각 국사 두 몸에 걸쳐 끝내 이 공안집의 완성을 이루신 그 서원에 감동하였다.

그러하니 혼자 몸으로 이 『선문염송』의 전 공안을 번역하고 평하여 바로 보이신 스승님의 지혜와 자비, 원력에 어찌 찬탄의 말씀을 드리지 않을 수 있을까.

『선문염송』은 앞에서도 이야기했듯 우선 본칙부터 전 공안을 망라하다시피 한 방대한 양이며 이에 대해 많은 선사님들의 법문까지 결집해 놓은 터라 부처님으로부터 각 선사님들의 법 쓰시는 바를 손바닥 들여다보듯 하지 않고는 제대로 번역할 수가 없다.

그러므로 이것은 번역이 아니라 다시금 보이셨다는 말이 걸맞을 것이다.

'양구(良久)'라는 한마디도 어떻게 번역하느냐에 따라 수행인이 더욱 분명히 공안을 참구하는 계기가 되는 것이다. 선사님들이 말없이 계시는 내역을 바로 짚기란 여간 어려운 것이 아닌데 스승님께서는 이를 의로(意路)에 따라 읽어내어 '잠잠히 있다가' 혹은 '말없이 보이고'로 번역하셨다.

또한 양구의 내역뿐 아니라 법문의 어디에 선사님들의 참 의중인 공안이 숨어있는가를 고스란히 드러내어 그 공안을 바로 참구할 수 있게끔 번역하셨으니 공안참구의 길잡이 역할을 하셨다는 것을 독자들은 바로 알아차릴 수 있을 것이다.

게다가 난해하기로 유명한 『선문염송』, 어떤 선사도 감히 전 공안에 대해 입을 벌리지는 못했는데 스승님께서는 최초로 전 공안에 취모검 휘두르기를 두려워하지 않으셨다.

한마디로 일체종지를 통달한 이가 아니고는 애시당초 엄두도 내지 못할 일을 거침없이 각 칙마다 일러가셨으니 그 통달한 지혜에 누군들 탄복하지 않을 수 있을까.

더불어 평생에 걸쳐서라도 이 공안집 30권을 바로 보이시겠다는 스승님의 원력과 노고를 잊을 수가 없다. 당신이 아니면 할 수 없는 일이라는 사명감에 국제선원을 짓는 불사와 전국의 제자를 가르치는 와중에도 1992년도부터 9년째 『선문염송』 작업을 놓지 않으셨다.

지금도 눈에 환히 떠오르는 것은 주말마다 선원에 가면 밤늦게까지 불켜진 스승님의 방, 방문을 열면 책상 앞에서 『선문염송』 작업을 하다가 고개를 들어 웃어주시며 피곤한 눈가에 맺힌 눈물을 닦아내시던 스승님의 모습이다.

하루에도 여러 번 불사현장을 오가느라 지친 몸에도 작업을 보면 떨치고 일어나 앉으셨다. 그때마다 얼마나 죄스럽고 안타까운 마음이었던가.

『바로보인 전등록』 전 30권의 완역과 더불어 이 『바로보인 선문염송』 30권의 역저로 스승님의 번개 같은 지혜와 후학자를 위한

자비의 빛이 제불보살님, 뭇 선사님들의 광휘와 더불어 스러지지 않을 것을 믿는다.

『선문염송』 30권 중 1권은 대부분 석가모니 부처님께서 보이신 공안으로 이루어져 있다. 당시에 이러한 공안도리로써 제접하셨다니 부처님께서는 시공을 초월한 분이란 것을 증명한 대목이라 아니할 수 없다.

그럼에도 불구하고 공안도리가 마치 석가모니 부처님 당대에는 없었던 조사님들만의 특별한 법인 양 말씀하시는 분들이 많은 것이 안타깝다.

조사님들이 최상승인 조사선 도리로 제창하셨다 하나 부처님과 비교하는 것은 당초에 어리석은 논의라고 본다.

부처님께서 영산회상에서 꽃 들어 보인 소식 하나만 보더라도 그러하다. 여기 어찌 조사선, 여래선을 논하랴.

꽃 들어 보임에 온통 법계라
가섭이 미소지음 흔연히 나뉨없어
이 소식 알련가
덩실 덩실 더덩실

2000년 9월 1일

진성(眞性) 윤주영(尹柱瑛)

서 문

말세가 되어 마(魔)는 강해지고 법(法)은 쇠약해져 사법(邪法)을 추구하는 사람들이 늘어나면서 사법이 무성해지고 세상이 혼란해지니 그 어느 때보다도 정법(正法)이 요구되는 시점이다. 그래서 미력하나마 감히 어둠을 밝히는 등불이 되기를 결심한 터였다.

그런데 부산에 사는 하목원님이 염송번역 본문 두어 권을 가지고 와서 '내가 보아도 번역을 이렇게 해서 되겠나 하는 대목이 많아서 가져왔습니다. 아무리 교화에 바쁘시더라도 스승님께서 틈을 내셔서 번역을 하셔야 되겠습니다.'라고 간곡히 청하여 『선문염송』 번역에 착수하게 되었다.

부처님과 조사님들의 가르침은 오직 깨달음에 뜻이 있다. 그 가르침의 진수만을 진각 국사께서 가려 결집해 놓은 것이 바로 『선문염송』이다. 이 주옥 같은 공안들을 누구나 볼 수 있어야 하는데 한문 원본으로 있거나 부처님들과 조사님들의 근본 뜻과는 먼 번역본들뿐이니 어떠한 일이 있어도 금생에 완역을 하여 불조의 뜻을 바로 보게 하겠다는 맹세를 스스로 하게 되었다.

그러나 막상 번역에 착수하고 보니 오자는 아님에도 여러 본을 구해놓고 보아도 뜻이 통하지 않는 대문이 많았다. 그럴 때마다 국내 대형 서점을 돌아다니며 옛 한자사전 또는 대형 한자사전을 구해서 조사님 당대에는 그 글자가 어떠한 뜻으로 쓰였는가를 찾고, 그것이 위아래 뜻에 통하는가 관조하여 불조(佛祖)의 본 뜻에 어긋나지 않는 번역이 되도록 최선을 다하였다.

그러나 혹 미비한 점이 있다면 강호제현님들의 명안책언(明眼嘖言)이 있기를 바란다.

이 책이 나오기까지 편집·윤문에 진성 윤주영, 제작·교정에 도명 정행태, 진연 윤인선이 수고한 바에 깊이 감사한다.

또한 이 책을 보는 이들 모두가 성불(成佛)로 회향(回向)되기만을 빈다.

어떻게 회향할 것인가?

옥녀봉 위 흰 구름 한가롭고
광암의 저수지 짙푸르다
진연아, 차 한 잔 내오렴

단기(檀紀) 4333년

불기(佛紀) 3027년

서기(西紀) 2000년

무등산인 대원 문재현
(無等山人 大圓 文載賢)

차 례

일러두기

1. 장설봉(張雪峰) 선사님께서 현토한 본을 가지고 번역하되 뜻이 통하지 않는 곳은 동국대 역경원본, 백봉(白峯) 거사본을 모두 참고하여 오자가 없고 본 공안 이치에 어김이 없도록 최선을 다하였다.

2. 위와 같이 여러 본을 두루 살펴보아도 뜻이 통하지 않는 경우에는 그 조사(祖師) 당시에 그 글자가 어떤 뜻으로 쓰였는지 옛 한자 사전을 찾아 번역하였다.

3. 특별한 일화나 선가(禪家)에서 두루 쓰였던 용례를 모르고는 번역할 수 없는 것들은, 중국의 고사성어 사전이나 일본과 중국의 최대 표제어의 선어사전(禪語辭典)에서 찾아 번역하였다.

4. 원문의 한자는 오자(誤字)가 적은 장설봉 선사님께서 현토한 본을 기본으로 입력하였으나, 고자(古字)가 많아서 입력이 어려운 경우 현대에 널리 쓰이는 동자(同字)를 취하여 입력하였다. 또한, 장설봉 현토본에도 오자가 있을 때에는 동국대 역경원본을 참고하였다.

5. 각 칙마다 역저자인 대원 문재현 선사님의 도움말과 시송을 더하여 공안의 본 뜻을 들추어내 놓았다.

6. 제목은 본칙의 핵심이 되는 공안도리로 다시 정하였다. 그것이 마땅치 않을 때는 무엇에 대해 문답하고 있는지를 살펴서 문답의 주제나 소재를 제목으로 하였다.

978칙 발가락을 걷어 채이다

 본 칙

복주 현사 사비 종일 선사가 설봉에 있다가 영(嶺)을 떠나 행각을 하려고 영마루에까지 갔으나 발가락을 걷어 채이고는[1] 설봉으로 돌아와서 다시는 영 밖으로 나가지 않았다.

福州玄沙師備宗一禪師 在雪峯時 欲出嶺遊方 至嶺上 因趯着脚指頭 却回雪峯 更不出嶺

1) 현사 선사의 스승인 설봉 선사가 현사 선사에게 제방을 참문하여 다니기를 권유하였다. 이에 현사 선사가 영을 나가려다가 발가락을 채이고는 즉시 다음과 같은 송을 읊고 다시는 영 밖으로 나가지 않았다고 한다.

이 몸이 있지 않거니 아픔이 어디서 오는가
몸 그대로 통증이거니 끝내 태어남이 없다
그만두자 저쪽의 허공이 이쪽의 허공이니
달마는 동토에 오지 않았고 2조도 서천에 가지 않았다

◌ 법진일 선사 송

낚싯배 위에 사(謝)씨네 셋째 아들[2]이
수미산을 걷어차 쓰러뜨리고 고향으로 돌아갔네
우습다! 도중에서 돌아오지 못한 객들은
타향을 향한 배에 묵으며 떠도는구나

法眞一 頌
釣魚船上謝三郎
趯倒須彌返古鄕
應笑途中未歸客
伶俜旅泊向他鄕

2) 승보전에 보면 현사 선사의 속성은 사씨로 복주 민현 사씨네 자제이다.

 대원 문재현은 이 칙을 모두 듣고 나서 이르노라.

걷어 채인 돌부리로 그간 은혜 깨닫고
돌아와 영 밖으로 나간 일 없는 현사
구멍 없는 피리 불어 구제하여 보은했네

979칙 죽은 중의 낯 앞

 본 칙

현사 선사가 대중에게 보이고 말하였다.

"죽은 중의 낯 앞이 바로 눈에 닿는 대로 보리요, 만 리의 신령한 광명이 정수리 뒤의 모습이니라."

玄沙 示衆云 亡僧面前 正是觸目菩提 萬里神光 頂後相

☁ 법진일 선사 송

산 사람의 길 위에 죽은 선승이 있으니
육식의 공용 없어 행함이라고도 하지 않는다
눈에 띄는 대로 그윽하거늘 어찌 나뉠 바이랴
밝고 밝은 한낮에 삼경 종을 친다

法眞一 頌
活人路上有亡僧
六識無功用不行
觸目黯然何所辨
明明日午打三更

ꕤ 법진일 선사가 다시 송하였다.

죽은 중의 면전 일은 그만두고
산 사람의 등 뒤를 만나려는가
'운남국[3]을 타파한 뒤로부터
새북[4]까지 통하였다'

(이 게송은 천의회 선사의 상당 법문에 이어 든 것이다.)

又頌
且置亡僧面前事
活人背後若爲逢
自從打破雲南國
直至如今塞北通
(此錄連擧天衣懷上堂)

---

3) 운남국(雲南國) : 중국의 가장 남쪽.
4) 새북(塞北) : 중국의 가장 북쪽.

∽ 법안 선사의 문답

법안 선사에게 어떤 선승이 물었다.

"어떤 것이 죽은 중 낯 앞이 눈에 닿는 대로 보리인 것입니까?"

법안 선사가 대답하였다.

"그대의 낯 앞이니라."

선승이 다시 물었다.

"죽어서는 어디로 갑니까?"

"죽은 중이 언제 죽은 적이 있던가?"

선승이 다시 물었다.

"지금의 일이야 어찌하겠습니까?"

"그대는 죽은 중도 알지 못하는구나."

僧問法眼 如何是亡僧面前觸目菩提 荅曰 是汝面前 又問 遷化向什麽處去 荅曰 亡僧 幾曾遷化 進曰 爭奈卽今 何 荅曰 汝不識亡僧

ꔰ 천의회 선사가 상당하여 이 칙에서 "눈에 닿는 대로 보리니라." 한 것까지 들고 말하였다.

말해보라. 산 사람의 등 뒤의 것이란 무엇인가? 삼천의 대단한 비유도 스스로를 속이고 정신만 피로하게 할 뿐이니라. 암자 안의 사람이 어째서 암자 밖의 일을 보지 못하는가? 말 많은 선승은 마음대로 헤아려 보라.

참!

天衣懷 上堂擧此話 至觸目菩提 師云 且道 活人背脊後底 是什麽 三千大喩 謾自勞神 庵內人 爲什麽不見庵外事 多口衲僧 一任商量 參

ꩲ 장로색 선사는 현사 선사가 죽은 중 낯 앞의 꽃나무를 가리키면서 "죽은 중의 낯 앞이 바로 눈에 닿는 대로 보리니라." 한 것을 들고 말하였다.

산승이 게송이 있으니, 여러분 앞에 들어 보이리라.

현사가 그 날에 죽은 중을 가리킴이여
눈썹이 몇 개인가를 묻지 않겠노라
저녁 노을이 번져가는데
먼 산의 푸른 빛 끝없이 층층일세

여러분! 죽은 중의 낯 앞은 그만두고, 산 사람의 낯 앞은 이 무엇인고?

(말없이 보이고)

콧구멍은 다만 숨이나 쉬는 것이로구나.

長蘆賾 擧玄沙指亡僧面前花樹子云 亡僧面前 正是觸目菩提 師云 山僧 有頌 擧示大衆

玄沙當日指亡僧
不問眉毛有幾莖

堪對暮雲歸未合

遠山無限碧層層

諸仁者 亡僧面前 且置 祇如活人面前 是介什麽 良久云 鼻孔 只堪出氣

ꕀ 죽암규 선사가 이 칙을 들고 말하였다.

현사 노장이 친절히 사람들을 지도하던 곳을 보았는가? 산 밑의 길을 가지 말라 하더니, 애 끊는 원숭이 울음소리를 과연 듣는다.

竹庵珪 擧此話云 還知玄沙老漢 親切爲人處麽 向道莫行山下路 果聞猿叫斷腸聲

 대원 문재현은 이 칙을 모두 듣고 나서 이르노라.

남을 향해 북두를 보고 나서
똥막대라고 하신 은혜 안 뒤
곳곳에서 돌사자 포효하네

980칙 불을 얻어왔는가

 본 칙

현사 선사가 암주에게 물었다.

"불을 얻어왔는가?"

암주가 대답하였다.

"불의 성품이 모든 곳에 두루하거늘 어째서 얻어왔느냐고 물으십니까?"

현사 선사가 말하였다.

"말에 떨어졌구나."

玄沙問庵主乞火 庵主云 火性 偏在一切處 爲什麽 却問人乞 師云 話墮也

☁ 장로색 선사가 이 칙을 들고 말하였다.

대중들이여! 성품의 불은 참다운 공이니 성품의 공함이 참다운 불〔火〕이니라. 청정한 본연이라 법계에 두루하건만 중생들의 마음의 그릇 따라 받으니 업에 따라 나타날 뿐이다.

불은 한계가 있으나 성품은 한계가 없음을 알라. 암주의 견해는 불성(佛性)을 속일 뿐 아니라 자기의 말에도 어긋나고, 현사 선사는 어쩔 수 없이 아깝게도 점검을 당한 꼴이 됐도다.

신라는 그렇게 하지 않으리니, 다만 그에게 "산승을 괴이하게 여기지 말라." 하리라.

長蘆賾 擧此話云 諸仁者 性火 眞空 性空 眞火 淸淨本然 周徧法界 隨衆生心 應所知量 循業發現 是知火有分限 性無分限 庵主見處 非但瞞盰佛性 亦乃自語相違 玄沙 大似不奈事 可惜爲他點破 新羅 卽不然 但向伊道 怪山僧不得

 대원 문재현은 이 칙을 모두 듣고 나서 이르노라.

어찌해야 말에나 떨어졌단 말을 듣지 않겠는가?

남북이 십만리요 동서가 팔천리다
봄이면 앞동산에 꽃놀이를 하다가
저녁 되면 밥 먹고 잠자는 게 낙일세

981칙 어제 그토록 시끄럽던 것이 어디로 갔는가

 본 칙

현사 선사가 포전현에 가니 백희[5]로써 영접하였다.

다음 날, 소당 장로에게 물었다.

"어제 그토록 시끄럽던 것이 어디로 갔는가?"

소당이 가사자락 한쪽을 들어 올리자, 현사 선사가 말하였다.

"헤아리고 요동해서는 통할 수 없느니라."

玄沙到蒲田縣 百戲迎之 次日 問小塘長老 昨日許多喧鬧 向什麽處去 小塘 提起袈裟角 師云 料掉沒交涉

5) 백희(百戲) : 온갖 연회와 여러 가지 곡예.

☁ 천동각 선사 송

밤 골짜기에 배를 감추고
맑게 흐르는 물에서 노를 젓는다
용과 물고기는 물이 생명인 것도 알 바 없으니
힘이 다하도록 한바탕 뒤섞여 즐겨봄이 무방하겠구나
현사와 소당 노장이여
함과 뚜껑이 맞듯 하고 화살촉과 화살촉이 맞부딪친 듯 했다 하나
장대로 풀 그림자를 헤쳐 찾는 격일세
거두어 지님이여, 늙은 거북이 연꽃에 깃들임이요
놀아 누림이여, 잉어가 수초를 희롱함일세

天童覺 頌

夜壑藏舟　　澄源着棹
龍魚未知水爲命　　折筋不妨聊一攪
玄沙師小塘老　　函蓋箭鋒
探竿影草　　潛縮也老龜巢蓮
游戲也華鱗弄藻

ꩠ 법안 선사가 특별히 말하였다.

어제 얼마나 시끄러웠던가?

法眼 別 昨日 有多少喧鬧

☁ 법등 선사가 특별히 말하였다.

오늘 다시 웃는 것이 좋겠다.

法燈 別 今日 更好笑

ꩰ 개선섬 선사가 이 칙을 들고 말하였다.

망치를 들고 불자를 세우는 것은 천 성인들의 참된 규범이라, 소당이 가사자락 한쪽을 든 것을 현사 선사는 어째서 긍정치 않았는가? 분명한 시비와 득실을 뚜렷이 가려낼 수 있으리니 눈 밝은 선승은 점검해 보라. 감히 대중에게 묻노니, 어제 한바탕 시끄럽던 것이 어디로 갔는가?

(말없이 보이고)

흰 구름 열린 곳에 푸른 하늘 보이도다.

開先暹 拈 且拈搥竪拂 是千聖眞規 小塘提起袈裟角 玄沙 因何不肯 灼然得失是非 皎然可辨 明眼衲僧 試檢點看 敢問大衆 昨日一場喧鬧 向什處去也 良久云 白雲綻處見靑天

ഗ 개선섬 선사가 다시 특별히 말하였다.

화상께서는 무엇하러 특별히 수고롭게 하십니까?

又別云 何勞和尚特地

ꩰ 대위철 선사가 이 칙을 들고 말하였다.

대위는 그렇게 하지 않으리니 갑자기 누가 물으면 손가락을 한 번 튕기리라. 만일 어떤 납자가 나서서 "헤아리고 요동해서는 통할 수 없느니라." 한다면 그를 긍정하리니, 무슨 까닭이겠는가?

대장부가 범의 수염을 잡아뽑는 것이 바로 본분이니라. 말해보라. 이익과 손해가 어디에 있는가?

大潙喆 拈 大潙 卽不然 忽有問 遂鳴指一下 如有介衲子 出來云 料掉沒交涉 却肯他 何故 大丈夫漢 捋虎鬚 也是本分 且道 利害在什麽處

ꩠ 황룡신 선사가 이 칙을 들고 말하였다.

괴이하도다. 선덕들이여, 종승을 붙들어 일으키는 데는 역시 소당이라야 되겠는데 현사 선사는 어째서 "헤아리고 요동해서는 통할 수 없느니라."라고 했겠는가?

운암은 그렇게 하지 않으리니 "어제 그토록 시끄럽던 것이 어디로 갔는가?" 한다면 그에게 "하늘은 흰구름과 함께 밝고, 물은 밝은 달빛에 섞여 흐른다." 하리라.

黃龍新 拈 奇怪 諸禪德 扶竪宗乘 也順是小塘 始得 玄沙爲什麽 道料掉沒交涉 雲嵓 卽不然 昨日許多喧鬧 向什麽處去也 天共白雲曉水和明月流

ය 원오근 선사가 이 칙을 들고 이어 대위철 선사가 이 칙을 들어 말한 것을 들고 말하였다.

비록 두 노숙이 강종(綱宗)을 제창해 떨치기는 했지만, 하늘의 달만을 탐하여 보려고 했다.

지금 어떤 이가 나서서 도림에게 "어제 그렇게 시끄럽던 것이 어디로 갔는가?"라고 묻는다면, 그에게 "또 시작이구나." 하기만 하리라.

그가 만일 "헤아리고 요동해서는 통할 수 없느니라." 한다 해도 곧바로 등줄기를 방망이로 후려치리니 무슨 까닭인가?

조계의 물결과 비슷한 것 같으나 끝없이 많은 이들을 물에 빠뜨리는 짓이기 때문이다.

圓悟勤 擧此話 連擧大潙喆 師云 二老宿 雖是提振綱宗 要且貪觀天上月 而今 或有介出問道林 適來許多喧鬧 向什麽處去 只對他道 又是從頭起 他若道料掉沒交涉 劈脊便捧 何故 曹溪波浪 如相似 無限平人被陸沉

○ 백운병 선사가 이 칙을 들고 말하였다.

현사 선사가 그렇게 말한 것이 득실과 시비가 없는가? 있다고 한다면 그에게는 안목을 갖추지 못했다 할 것이요, 만일 없다고 한다면 현사 선사는 어째서 헤아리고 요동해서는 통할 수 없다 하였을까? 알겠는가?

시비를 떠난 데에서 시비를 가려내야 하느니라.

白雲昺 拈 玄沙與麽道 還有得失是非也無 若謂有 當人 未具眼在 若謂無 玄沙因甚道料掉沒交涉 還會麽 是非 已去了 是非裏薦取

 대원 문재현은 이 칙을 모두 듣고 나서 이르노라.

현사 선사와 소당 모두 둘째 달을 붙들고 사는 이들이다.

십구일 신시에는 하늘에 달 둘일세
숫물 속에 연꽃이 향기까지 진함을…

불호랑이 물 속에 새끼 낳아 안으니
종이용은 불 속에 춤추어서 축하한다

증오야, 너도 또한 대금 한 곡 불려무나
따뜻한 엽차 한잔 기울이며 들으련다

982칙 한 법도 봄이 없다고 해도 큰 허물

 본 칙

현사 선사가 경청에게 물었다.

"경에 말씀하시기를 '한 법도 봄이 없다고 해도 큰 허물이 되느니라.' 하니, 그대가 말해 보라. 무슨 법을 봄이 없다는 것인가?"

경청이 돌기둥을 가리키면서 말하였다.

"이런 법을 봄이 없다는 것 아니겠습니까?"

(동안현 선사가 특별히 말하였다.

"화상께서 경솔한 분이 아니라고 알고 있습니다만….")

현사 선사가 말하였다.

"절중(浙中)에서 나는 맑은 물과 흰 쌀은 그대 마음대로 먹으라마는 불법은 아직 알지 못했다 할 것이다."

玄沙問鏡淸 敎中 道不見一法 爲大過失 汝道 不見什麽法 淸 指露柱云 莫是不見者介法麽(同安顯 別 也知和尙不造次) 師云 浙中淸水白米 從汝喫 佛法 未會在

ⓒ 해인신 선사 송

한 법도 봄이 없다 해도 큰 허물이라 함이여
맑은 물, 도도히 푸른 계곡의 시내로 떨어진다
구름 낀 마루턱에 꽃핀 가지의 꾀꼬리며
앙상한 나무 늘어선 강가에 하늘의 기러기 소리로세

海印信 頌
不見一法大過患
淥水滔滔瀉碧澗
花開雲嶺一枝鶯
木落江天數聲雁

ꕤ 현각 선사가 불러 모아놓고 물었다.

말해보라. 현사 선사가 그렇게 말한 뜻이 어디에 있는가? 보지 못했는가? 어떤 선승이 동산 선사에게 "한 법도 봄이 없다 해도 큰 허물이 된다니, 그 뜻이 무엇입니까?"라고 물으니, 동산 선사가 "한 법도 봄이 없다는 말씀, 참으로 좋은 말이구나. 상좌야, 일숙각(영가 선사)은 '한 법도 봄이 없다면 그것이 곧 여래라, 그를 비로소 관자재라 하리라.'라고 했다." 했고, 보현보살은 "한 법도 봄이 없다 해도 큰 허물이라." 하셨으니 하나인가, 다른가? 가려내 보라.

玄覺 徵 且道 玄沙恁麽道 意在什麽處 不見 僧 問洞山云 不見一法 爲大過失 此意如何 山云 不見一法 好言語 上座 一宿覺 云 不見一法 卽如來 方得名爲觀自在 普賢菩薩 又云 不見一法 爲大過失 是一箇 是兩箇 試斷看

☁ 설두현 선사가 이 칙을 들고 말하였다.

점잖은 경청 선사가 현사 선사의 지독한 속임을 받았다. 내가 그 때에 보았더라면 그에게 "영산의 수기를 받았다고 하면 이러함에 이르지 못한 것이니라." 하기만 했으리라.

雪竇顯 拈 大小鏡淸 被玄沙熱謾 我當時 若見 但只向道 靈山授記 也未到如此

ᢵ 장산전 선사가 이 칙을 들고 말하였다.

이(李) 장군은 좋은 명성을 가지고 있으니, 제후에 봉해짐을 얻지 못하였어도 한가하기만 하니라.

蔣山泉 拈 李將軍 有佳聲在 不得封侯也是閑

ꩲ 천동각 선사가 이 칙을 들고 말하였다.

경청 선사는 당시 그렇게 대답했고, 현사 선사는 맨 끝에 그렇게 말했으니, 계합이 되는가? 그런즉 경청 선사는 오랫동안 불법의 꿈도 꾸지 못했다 할 것이며, 현사 선사 역시 동참해야 한다.

天童覺 拈 鏡淸 當時 伊麽荅 玄沙 末後 伊麽道 還相契也無 然則 鏡淸 久不作佛法夢 也須是玄沙同叅 始得

☁ 대위철 선사가 이 칙을 들고 말하였다.

만일 경청 선사가 아니었다면 앞을 잊고 뒤를 잃을 뻔하였다. 무슨 까닭인가? 특별한 이를 만나지 못했더라면 끝내 주먹을 펴지 않았으리라.

大潙喆 拈 若不是鏡淸 幾乎忘前失後 何故 不逢別者 終不開拳

ꕤ 밀암걸 선사가 이 칙을 들고 말하였다.

두 존숙이 갑자기 서로 만난 것이 마치 어린이들의 연극과 같구나. 불법의 혜명(慧命)이 어디에 있는가?

선응암 선사가 "경청 선사가 무디고 둔하게 구니 부처님도 그를 어쩔 수 없으리라." 하였다.

만일 현사 선사가 알음알이를 부숴주지 않았더라면 돌기둥에게 삼킴을 몇 번이나 입었을까.

악!

만일 자주 눈물을 흘려 가르친 것으로 치자면 동해의 바닷물이라도 말랐으리라.

密庵傑 擧此話云 二尊宿 驀箚相逢 大似小兒則劇相似 佛法身心 何在 先應庵 拈云 鏡清 放頑 佛也不奈伊何 若不是玄沙識破 幾被露柱吞却 師喝云 若教頻下淚 東海也須乾

 대원 문재현은 이 칙을 모두 듣고 나서 이르노라.

두 분 모두 옳기는 심히 옳으나 한결같이 둘째 달 놀이에 정신 팔린 철부지 애들 같은 짓은 쉬어야 하리라.

하. 하. 하.

983칙 바로 그대가 자기니라

 본 칙

현사 선사에게 어떤 선승이 물었다.
"어떤 것이 학인의 자기입니까?"
현사 선사가 대답하였다.
"바로 그대가 자기니라."

玄沙 因僧問 如何是學人自己 師云 是汝自己

ↀ 대중덕 선사 송

바로 그대가 자기니라 하다니
상대를 바보 취급하지 말라
납자 둘씩, 셋씩 모두
일찍 자고 편안히 일어난다고만 하리라

大中德 頌
是汝自己
莫相鈍置
衲子兩兩三三
只道早眠晏起

◌ 무위자 선사 송

학인의 자기를 물으니
바로 그대가 자기라고 함이여
눈 위에 서리를 더하고
입술에 이가 거듭 걸림일세

無爲子 頌
學人自己
是汝自己
雪上加霜
重掛唇齒

ꩰ 운문언 선사가 이 칙을 들고 말하였다.

헤아림이라곤 없던 대인이 말 속에서 헤매는구나.
(어떤 선승이 “어떤 것이 자기입니까?”라고 물으니 답하기를)
갑자기 길을 가는데 누군가가 산승을 불러 공양을 하라 하면 그저 평상시처럼 밥을 얻어먹으면 되느니라.

雲門偃 拈 沒量大人 被語脈裏轉却 僧問 如何是自己 師云 忽然路上 有人 喚衲僧齋 你也隨例得飯喫

 대원 문재현은 이 칙을 모두 들고 나서 이르노라.

어떤 이가 내게 그렇게 물었다면 지체없이 "풀밭의 소 말뚝도 나 먼저 일렀다." 했을 것이다.

984칙 그것이 그대니라

 본 칙

현사 선사와 천룡이 산에 갔다가 호랑이를 보았는데 천룡이 놀라면서 말하였다.

"호랑이입니다. 화상이시여."

현사 선사가 고개를 돌리고 말하였다.

"그것이 그대니라."

저녁이 되어 모시고 섰다가 천룡이 말하였다.

"오늘 호랑이를 보고 화상의 지시해 주심을 받았으나 제가 모르겠습니다."

현사 선사가 말하였다.

"세상에는 네 가지 지극히 중대한 일이 있으니, 어떤 사람이 이를 깨달아 꿰뚫으면 오음과 십팔계를 벗어났다 해도 무방하니라."

玄沙與天龍 入山見虎 龍 驚云 虎 和尙 師回頭云 是你 至晩侍立次 天龍 云 今日見虎 蒙和尙指示 某甲 不會 師云 世間 有四種極重之事 若人 透得 不妨出得陰界

☁ 흥교수 선사 송

현사가 범을 보고 그것이 너라 했으니
얼마나 많은 사람이 자기를 밝혔던가
색과 소리 대허공에 가득함이여
조금이라도 있다고 의지할 바이랴

興教壽 頌
玄沙見虎是汝
多少人明自己
色聲逼滿大虛
有底纖毫依倚

◌ 장산전 선사 송

앞의 범, 뒤의 범을 동시에 보아라
싸늘하고 거센 바람과 사나운 발톱이 나온다
고금의 나무꾼이 돌이켜 봄이 없어서
몸과 목숨 잃은 이가 끝없네
만일 돌이켜 보았더라면
위세등등하게 산 앞의 길을 까딱 않고 끊었으리라

蔣山泉 頌
前虎後虎急須看取
凜冽威風生獰爪
距今古樵人不廻顧
喪身失命何窮數
若廻顧
雄雄坐斷山前路

ꩠ 해인신 선사 송

늙은 현사가 몹시도 말하기를 좋아해서
깨달은 바를 밝고 밝게 거듭 누설했으나
납자가 이에서 곧바로 깨달았다 해도
점검하자면 아직 눈〔目〕 속의 쐐기를 못 면한 걸세
눈 속의 쐐기를 누가 가려낼까
신라에서 난 불이 내 다리를 태운다

海印信 頌
老玄沙大饒舌
覿體明明重漏泄
衲僧於此便承當
驗來未免眼中楔
眼中楔孰甄別
火發新羅燒脚熱

ᯅ 보녕용 선사 송

사나운 범 길에 나와 위세를 부리니
발톱과 어금니 예리하기가 진짜 송곳과 같도다
가엾도다! 깜박 사이에 몸을 상한 사람의
부서진 뼈 줍기를 좋아하니 슬프기도 하여라

保寧勇 頌
猛虎當途獨振威
爪牙眞介利如錐
可憐不覺亡身者
碎骨拾來良可悲

◌ 불안원 선사 송

종사의 방편이 대단히 자비하여
그것이 그대니라 한 말씀, 진실로 옛 송곳일세
만 리의 신령한 광채, 정수리 뒤에서 비침이거늘
어찌 죽느냐 사느냐 하며 어리석게 놀라겠는가

佛眼遠 頌
宗師方便大慈悲
是汝之言實古錐
萬里神光騰頂後
肯將生死嚇愚癡

ꕤ 설두현 선사가 이 칙을 들고 말하였다.

인간과 하늘의 스승이 되려면 낯 앞이 호랑이인 데에서 분명했어야 한다.

雪竇顯 拈 要與人天爲師 前面 端的是虎

☁ 동선제 선사가 이 칙을 들고 말하였다.

상좌야, 옛 사람이 보고서 "나의 몸과 마음이 대지 허공과 같다." 했으니, 지금 사람들도 깨달아 알아듣겠는가?

東禪齊 拈 上座 古人 見了 道我身心 如大地虛空 如今人 還透得麽

ꩰ 자수 선사가 소참 때에 이 칙에서 "그대가 호랑이다." 하니, 천룡이 어리둥절했다 한 것까지 들고 말하였다.

현사 선사는 가위 노파심을 다해서 사람들이 이것을 밝히게 하려고 했도다. 알겠는가? 다시 산승의 주석을 들어라.

산중에는 범사람이 있고
세상에는 사람범이 있다
항상 웃음 속에 칼을 가니
날카로운 어금니와 발톱이 매우 두렵다
고양이에게 이르노니
행여라도 그를 나무에 오르게 하지 말라

慈受 小叅 擧此話至是你虎 天龍 罔措 師云 玄沙 可謂曲盡老婆心要人明這个 還會麽 更聽山僧注脚

山中有虎人　世上有人虎
常磨笑裏刀　利牙爪可怖
寄語花狸奴　莫教渠上樹

☁ 운문고 선사가 대신 말하였다.

화상의 사람을 위하는 간절함을 알았습니다.

雲門杲 代 也知和尙 爲人切

 대원 문재현은 이 칙을 모두 듣고 나서 이르노라.

("그것이 그대니라." 한 것까지 듣고)

"그것이 그대니라." 할 때 "과연 호랑이 위에 참 호랑이일세." 했으면 좋았을 것을….

985칙 세 가지 병에 걸린 사람

 본 칙

현사 선사가 대중에게 보이고 말하였다.

"제방의 노숙이 모두 말하기를 '중생을 제접하고, 사람을 이롭게 한다.' 하는데 세 가지 병에 걸린 사람이 오면 어떻게 제접하겠는가? 소경은 방망이를 들거나 불자를 세워도 보지 못하고, 귀먹은 이는 언어의 삼매를 입어도 듣지 못하고, 벙어리는 그에게 말을 하라 해도 말하지 못하나니, 어떻게 제접하겠는가? 만일 이 사람들을 제접하지 못하면 불법은 영험이 없느니라."

이때, 어떤 선승이 나서서 물었다.

"세 가지 병이 걸린 사람을 학인이 헤아려보아도 되겠습니까?"

현사 선사가 말하였다.

"허락하노니, 그대는 어떻게 헤아리겠는가?"

그 선승이 물러가며 말하였다.

"안녕히 계십시오."

선승이 물러가자 현사 선사가 말하였다.

"틀렸다! 틀렸다!"

(어떤 책엔 다음과 같이 기록되어 있다.

지장이 나서서 "나에겐 눈과 귀가 있으니, 화상께서는 어떻게 제접하시겠습니까?" 하니 현사 선사가 껄껄 크게 웃었다.

중탑이 말하였다.

"세 가지 병이 든 사람이 지금 어디에 있습니까?"

또 어떤 선승이 말하였다.

"남을 속일 뿐 아니라 스스로도 속이는 것입니다.")

玄沙 示衆云 諸方老宿 盡道 接物利生 忽遇三種病人來 作麽生接 患盲者 拈槌竪拂 佗又不見 患聾者 語言三昧 佗又不聞 患啞者 敎伊說 又說不得 且作麽生接 若接此人不得 佛法 無靈驗 時有僧 出問 三種病人 還許學人商量也無 師云 許 汝作麽生商量 其僧 珍重 便出 師云 不是不是(一本 地藏出云 某甲 有眼耳 和尙 作麽生接 師呵呵 大笑 中塔云 三種病人 卽今在什麽處 又一僧云 非唯瞞他 兼亦自瞞)

ꔰ 설두현 선사 송

소경, 귀머거리, 벙어리여! 깊고 넓어 시기와 형편에 맞는다 함마저 끊겼으니
하늘 위, 하늘 아래라 함도 심히 우습고도 심히 슬픈 일일세
이루[6]도 바른 색을 가리지 못했거니
사광이 어찌 현묘한 악기 소리를 알랴
어찌 빈 창 밑에 홀로 앉음에
잎 지고 꽃핌이 스스로 때가 있음 같으랴

(다시 말하기를)
알겠는가?
구멍 없는 무쇠방망이니라.

雪竇顯 頌
盲聾瘖瘂杳絶機宜　天上天下堪笑堪悲
離朱不辨正色　師曠豈識玄絲
爭如獨坐虛窗下　葉落花開自有時
復云 還會也無 無孔鐵鎚

6) 원문의 이주(離朱)는 '이루'를 말한다.

ღ 분양소 선사 송

방편으로 벙어리와 소경 따위 병신을 내어
작가의 점검으로 우리 종(宗)을 드러내려 하였네
금강을 끊어내어 진흙같이 부수고
움직이자마자 쇠를 뚫음이라 해도 현사를 잃음이다

汾陽昭 頌
權生聾瞽瘂癴痳
要顯吾宗驗作家
金剛截如泥碎
透金纔動失玄沙

☁ 법진일 선사 송

소경과 귀머거리, 벙어리여! 어떤 병인가?
설령 의원을 만난다 하여도 어찌 편하랴
운문의 진창에 드는 자비가 아니면
나귀 해에도 고치기란 어려우리라

法眞一 頌
盲聾瘖瘂何人患
縱遇醫王爭得安
不是雲門入泥水
驢年求瘥也應難

ᢀ 숭승공 선사 송

귀머거리, 소경, 벙어리를 천품으로 타고 났으니
불법의 영험한 비결인들 무엇에 쓰리오
두 손으로 떠받드는 것도 오히려 필요없거늘
누가 좁은 소견을 가지고 무성하게 비방하는가

崇勝珙 頌
聾盲瘖瘂稟天常
佛法何須靈驗方
兩手擎來尙不要
誰將管見謗蒼蒼

☁ 불안원 선사 송

현사의 세 가지 병든 사람은
이치가 있으니, 큰 소리에 있지 않다
향엄 노인이 이끌어 깨닫게 하기 위해
나무에 매달리게 만듦이로다[7]

佛眼遠 頌
玄沙三種病人
有理不在高聲
引得香嚴老子
走來樹上懸身

---

7) 향엄 지한 선사가 "사람이 나무에 올라가 손으로 가지를 휘어잡지 않고 발로 나무를 디디지도 않고 입으로만 나뭇가지를 물고 있는 데 나무 아래에서 누군가가 조사가 서(西)에서 오신 뜻을 묻는다면 대답을 하지 않을 때에는 묻는 사람을 어기는 것이 될 것이고 만약 대답을 할 때에는 떨어져 죽을 것인즉 어떻게 대할 것인가?" 하고 물었다.

☁ 운문고 선사 송

현사의 세 가지 병든 사람의 이야기
운문은 여섯을 거둠도 없이 뚫어내었다.
시비소리가 귀에 들기를 기다리지 말라
전부터 알던 친구가 도리어 원수 되리

雲門杲 頌
玄沙三種病人話
透出雲門六不收
莫待是非來入耳
從前知己返爲讐

ꩠ 죽암규 선사 송

소경과 벙어리와 귀머거리를 제접할 수 없다 함이여
현사는 헛되이 수고를 하였네
편작 노의도 팔짱끼고 돌아가니
세 가지 병, 못 고칠 병인가?

竹庵珪 頌
盲聾喑啞接不得
玄沙枉費閑心力
扁鵲盧醫拱手歸
三人俱是膏肓疾

꩜ 운문언 선사의 문답

운문언 선사에게 어떤 선승이 이 칙을 들어 물으니, 운문언 선사가 말하였다.

"그대는 절을 하라."

선승이 절을 하고 일어나자 운문언 선사가 주장자로 찌르니, 선승이 물러서거늘 운문언 선사가 말하였다.

"그대는 이 장님이 아니구나."

다시 선승을 불러 말하였다.

"가까이 오라."

선승이 가까이 오자, 운문언 선사가 말하였다.

"그대는 이 귀머거리도 아니구나."

그리고는 말하였다.

"알겠는가?"

선승이 대답하였다.

"모르겠습니다."

운문언 선사가 말하였다.

"그대는 이 벙어리도 아니구나."

그 선승이 깨달았다.

雲門偃 因有僧 擧此話請益 師乃云 汝禮拜着 僧 禮拜起 門 以柱杖挃之 僧乃退後 門云 汝不是患盲 復喚近前來 僧 近前 門云 汝不是患聾 乃云 還會麽 僧云 不會 門云 汝不是患啞 其僧 於此有省

☁ 법안 선사가 이 칙을 들고 말하였다.

내가 나한 화상을 만났을 때, 이 선승의 말을 드는 것을 보았는데 당장에 세 가지 병든 사람을 알았노라.

法眼 拈 我當時 見羅漢和尙 擧此僧語 我便會三種病人

☁ 운거석 선사가 이 칙을 들고 말하였다.

이 선승은 알았던가, 몰랐던가?

알았다고 하자니 현사 선사는 옳지 못하다 했고, 알지 못했다 하자니 법안 선사는 어째서 "이 선승의 말을 듣자 당장에 세 가지 병든 사람을 알았다."라고 했을까? 상좌들은 일이 없거든 올라와서 헤아려 보라. 대가들은 알지어다.

雲居錫 拈 只如此僧 會 不會 若道會 玄沙又道不是 若道不會 法眼爲什麽 道我因此僧語 便會三種病人 上座 無事 上來商量 大家要知

☁ 설두현 선사가 이 칙을 들고 말하였다.

악!

저 소경, 귀머거리, 벙어리여! 운문이 아니라면 나귀 해에나 이르르리라. 지금 어떤 이가 혹 방망이를 잡거나 불자를 들어도 관계치 않고 가까이 오라 해도 오지 않는다면 알겠는가? 제방이 제접하지 못하거니 어찌하겠는가?

설두도 어쩌지 못한다면 그대는 그 한 떼거리의 나귀로 무엇을 지으려는가?

(주장자로 일시에 때려 쫓다.)

雪竇顯 擧此話 便喝云 這盲聾瘖瘂漢 若不是雲門 驢年去 如今 有底 或拈槌竪拂 不管 敎近前 又不來 還會麽 不應諸方 還奈何得麽 雪竇 若不奈何 汝這一隊驢漢 又堪作介什麽 以柱杖 一時打趁

☁ 취암지 선사가 이 칙을 들고 말하였다.

등잔이 그대로가 불인 줄 벌써 알았더라면 밥이 익은지 오랠 것이니라.

翠嵓芝 拈 早知燈是火 飯熟也多時

ꩲ 운거원 선사가 상당하여 이 칙에서 "영험이 없느니라." 한 것까지 들 적에 지장이 대중에 있다가 나서서 "저는 소경도 귀머거리도 벙어리도 아니니 청컨대 스님은 제접해 보십시오." 하니, 현사 선사가 껄껄 크게 웃었다 한 것을 들고 말하였다.

지장 선사는 용이 뿔 없는 것 같고, 뱀에 발이 있는 것 같으며, 현사 선사는 선봉(先鋒)만 있고, 후전(後殿)이 없는 것 같다. 비록 웃을 줄 알았으나 웃음 속에 칼이 없는 것이야 어쩌랴. 두 사람의 병은 고황에 들어있어서 침도 약도 소용이 없다.

산승이 오늘 여러분을 위해 설파하리라.

(주장자를 집어들고)

방망이 끝에 눈이 있어 해와 같이 밝으니, 진금을 알려거든 불 속에서 보라.

雲居元 上堂擧此話至無靈驗時 地藏 在會出云 某甲 不患盲聾瘖啞 請師接 玄沙呵呵大笑 師云 地藏 如龍無角 似蛇有足 玄沙 只有先鋒 且無殿後 雖然解笑 爭奈笑裏無刀 兩人病在膏肓 針藥之所不到 山僧 今日 爲你諸人點破 乃拈柱杖云 棒頭有眼明如日 要識眞金火裏看

ᨀ 법진일 선사가 이 칙을 들고 이어 운문 선사와 설두 선사가 이 칙을 들어 말한 것을 들고 말하였다.

운문 선사와 설두 선사는 겨우 바람을 인해 불을 불고, 토끼를 보고는 매를 놓았을 뿐이나 지장의 물을 거스르는 파도가 있는 것만 하리오?

그때에 현사 선사가 그렇게 말하는 것을 듣자 곧장 대중에서 나서서 "계침이 현재 눈과 귀가 있으니 스님께서 제접해 주십시오." 하여 현사 선사가 껄껄거리고 크게 웃었으니 현사 선사 뿐 아니라 서천과 이 땅의 모든 조사도 그 한 질문을 받으면 뒤로 물러서지 않을 수 없으리라.

(주장자를 번쩍 집어들고)

놓치지 말라.

法眞一 擧此話 連擧雲門雪竇拈 師云 雲門雪竇 也只是因風吹火 見兎放鷹 爭如地藏 有逆水之波 當時 聞玄沙與麽道 便出衆云 桂琛 現有眼耳 請師接 沙呵呵呵大笑 師云 非但玄沙 盡西天此土諸位祖師 遭這一拶 不免退身有分 師驀拈柱杖云 放過卽不可

☁ 천동각 선사가 이 칙을 들고 말하였다.

운문은 예사롭게 하였는데, 그 선승은 실제로 대답하였다.

말해보라. 깨달음이 어디에 있는가? 구제할 수 없는 병은 침도 뜸도 쓰기 어려우니라.

天童覺 拈 雲門 平展 者僧 實酬 且道 悟在什麽處 不救之疾 難爲針艾

ꩲ 지해청 선사가 상당하여 이 칙을 들고 말하였다.

높은 곳을 낮게 하고, 낮은 곳을 높게 하니, 현사 선사는 이미 정신이 피로했고, 짧은 것을 깁고 긴 것을 끊었으니 운문 선사는 다시 추태를 더하였다.

현사 선사가 "만일 세 가지 병에 걸린 사람을 제접하지 못하면 불법은 영험이 없으리라." 했거니와 지해는 그렇게 하지 않으리니, 만일 이 세 가지 병에 걸린 사람을 제접한다 할 것도 없다면 불법이 비로소 영험이 있다 하리라.

말해보라. 뜻이 어디에 있는가?

용은 골짜기에서 비를 머금고 나오고, 새는 꽃 속으로 향기를 품고 돌아간다.

智海淸 上堂擧此話云 平高就下 玄沙 已是勞神 補短截長 雲門 更加醜拙 祇如玄沙道 若接此三種人不得 是佛法無靈驗 智海 卽不如若接此三種人不得 是佛法 有靈驗 且道 意旨作麽生 龍向洞中啣雨出 鳥從花裏帶香歸

ꩲ 불안원 선사가 상당하여 이 칙을 들고 말하였다.

좋다! 형제들이여, 진실로 서로 위해 주는 곳을 알겠는가?

산승이 수고를 아끼지 않고 여러분에게 설파해 주리라. 여러분이 평소에 두 눈이 있으나 어찌 일찍이 본 바 있으며, 두 귀가 있으나 어찌 일찍이 들은 바 있으며, 한 조각 혀가 있으나 어찌 일찍이 말한 바가 있으랴.

이미 말한 바도 없고, 본 바도 없고, 들은 바도 없다면 어디에 빛·소리·향기·맛이 있으리오. 비록 그러나 몇 사람이나 이런 경지에 이르렀던가.

나무기계 광대와 석녀의 아이이니, 삼동에 양기가 번성하고 6월에 서리가 내릴 때라. 말이 있으나 혀에 관계치 않고, 말이 없으나 말이 끊어진 것이 아니다. 나의 마지막 구절은 세간을 벗어난 것이어서 아는 사람 적도다. 낮의 공양, 새벽의 죽밖엔 딴 일이 없으니, 잔 속의 차와 향로의 향이 불가사의한 도를 이야기한다.

佛眼遠 上堂擧此話云 好 諸兄弟 還知眞實相爲處麽 山僧不惜眉毛爲諸人說破 秖如諸人尋常 有雙眼 又何曾見來 有雙耳 又何曾聞來有片舌 又何曾說來 旣無說無見無聞 何處 有色聲香味來 雖然如是又能有幾人到者般田地 所以道 木伎機石女兒 三冬陽氣盛 六月降霜

時 有語 非干舌 無言 切要詞 會我最後句 出世小人知 午齋晨粥無餘事 盞茗爐香話道奇

ထ 운문고 선사가 상당하여 이 칙을 들고 말하였다.

그 선승이 비록 깨달았으나 겨우 운문 선사의 선법을 깨달았을 뿐이요, 현사 선사의 선법은 다시 짚신을 사야 되느니라.

雲門杲 上堂擧此話云 這僧 雖然悟去 只悟得雲門禪 若是玄沙禪 更買草鞋 始得

∽ 운문고 선사가 다시 보설에서 이 칙을 들고 말하였다.

(대중을 돌아보고)

현사 선사를 알고자 하는가? 평생의 속마음을 사람들에게 쏟아 놓으니, 안다는 것이 도리어 알지 못하는 것과 같도다. 그때에 지장 화상이 대중에 있다가 나서서 "어떻게 제접합니까?" 묻기에 이르렀으니, 아비가 아니면 자식을 낳지 못한다 하리라.

현사 선사가 껄껄거리며 크게 웃으니, 웃음 속에 칼이 있도다. 산승이 어느 때 이 이야기를 들어 학자들에게 물으니 모두가 한결같이 호리병 본을 보고 그릴 뿐이더라.[8] 누가 "저에게 눈, 귀, 입이 있으니, 화상께선 어떻게 제접하시겠소?" 한다면 산승이 그에게 "남의 똥막대기나 씹는 것은 좋은 개가 아니나, 버릴 수 있는 것도 아니니라." 하기만 하리라.

又普說擧此話 師顧視大衆云 要識玄沙麼 平生心膽 向人傾 相識 還如不相識 當時 地藏和尙 在座下至作麼生接 師云 非父 不生其子 玄沙呵呵大笑 師云 笑裏有刀 山僧 有時 擧此話問學者 有來一樣畵葫蘆 也道某甲 有口有耳有眼 和尙 作麼生接 山僧 向他道 咬人屎橛不是好狗 又卻去不得

8) 중국에서는 남을 모방하는 것을 보고 '호리병을 보고 바가지를 그린다.'라고 말한다.

 대원 문재현은 이 칙을 모두 들고 나서 이르노라.

현사 선사의 삼종병자 말이 나왔으니 말인데 어떤 이를 삼종병자라 하며, 어떤 이를 삼종병자가 아니라 하는가? 말해보라.

설사 어떠한 이를 삼종병자라 해도 30방망이며, 또 어떤 이를 삼종병자가 아니라 해도 30방망이다. 말해보라. 어째서인가?

(말없이 보이고)

한강에 번지는 뱃고동이
온누리를 삼키어 버렸는데
강변의 봄버들은 춤을 추네

(또 한 수 읊기를)
숨 내쉴 때 뭇 인연에 간섭되지 않았고
숨 들이쉴 때 오음과 십팔계와 관계 없네

이러-히 거두어선 방소 없는 두렷한 밝음이고
이러-히 응하여선 조금도 부족함이 없다네

산과 꽃 강과 안개 어우러진 무릉도원 정자에서
벗과 같이 찻잔에 시를 읊는 이러-한 삶이라네

986칙 나는 되거니와 그대는 안 되느니라

 본 칙

현사 선사가 고산이 오는 것을 보고 원상 하나를 그려 보이니, 고산이 말하였다.

"사람마다 그것에서 벗어남을 얻지 못합니다."

현사 선사가 말하였다.

"나는 그대가 나귀 태와 말 뱃속에서 살림을 하는 줄을 분명히 알았었다."

고산이 다시 말하였다.

"화상은 어떠하십니까?"

현사 선사가 말하였다.

"사람마다 그것을 벗어나지 못하느니라."

고산이 말하였다.

"화상의 그런 말은 되는데 저의 그런 말은 어째서 안 됩니까?"

현사 선사가 말하였다.

"나는 되거니와 그대는 안 되느니라."

玄沙見鼓山來 作一圓相示之 山云 人人出這介不得 師云 情知汝向驢胎馬腹裏作活計 山云 和尙 又作麽生 師云 人人 出者介不得 山云和尙恁麽道 卻得 某甲 爲什不得 師云 我得汝不得

☁ 법진일 선사 송

작자는 병도 약도 없기를 구함이 좋으니
말 배와 나귀 태, 어디에 있으랴
고산의 그때 일이 가엾기도 하여라
콧구멍을 멀쩡한 대낮에 도둑질 당했다고 손가락질 받네

法眞一 頌
作者好求無病藥
馬腹驢胎何處着
鼓山當日可憐生
鼻孔遭人白拈卻

ᔓ 백운병 선사 송

사람마다 그것에서 벗어남을 얻지 못한다 함이여
천고와 만고에 법칙 되었네
망아지가 천하 사람을 밟아 죽였다 하고
임제를 날강도라 하는 것도 옳지 않네
나귀 태로 갔다가 말 배로 돌아옴이여
두 귀는 들음 없고 눈도 뜬 바 없다 해도
우문(용문)의 세 구비 복사꽃 물결[9] 위에서
용으로 변화하기엔 우레의 한 소리가 모자라네

白雲昺 頌
人人出者介不得　　千古萬古爲規則
馬駒踏殺天下人　　臨濟未是白拈賊
驢胎裏去馬腹中來　　兩耳無聞眼未開
禹門三級桃花浪　　化龍只欠一聲雷

---

9) 전설에 의하면 봄이 되어 복사꽃 물결이 일면 강과 바다의 모든 물고기가 용문 아래에 모여 용이 되기 위해 등용문에 오른다고 한다.

☁ 설두현 선사가 이 칙을 들고 말하였다.

흰 물결 구경하기를 탐할 줄만 알았고, 손의 노를 잃는 줄은 알지 못하였구나.

雪竇顯 拈 祇解貪觀白浪 不知失卻手橈

ꕤ 운봉열 선사가 이 칙을 들고 말하였다.

된다 안 된다 함이 모두가 현사 선사의 우리 속에 있다. 지금 벗어날 이가 있는가?

雲峰悅 拈 道得道不得 惣在玄沙圈繢裏 如今 還有出得底麼

☁ 천동각 선사가 이 칙을 들고 말하였다.

현사 선사는 마치 세도에 의지하여 사람을 속이고 강함으로써 약한 이를 능멸한 것과 같다. 멋대로 희롱한 것이라 하더라도 둘이 한 가지이거늘 어째서 나는 되고 너는 안 된다 하였을까?

참은 덮어버리기 어렵고, 거짓은 창성하지 못하느니라.

天童覺 拈 玄沙 大似倚勢欺人 以强凌弱 蓋他撥得轉弄得出 兩介一般 爲什麽 道我得你不得 是眞難掩 是僞不昌

⌓ 원오근 선사가 이 칙을 들고 말하였다.

분명한 한 가닥 길은 작가라야 안다. 당장에 하늘땅이 다하도록 만고에 움직임이 없고, 겁석(劫石)이 닳고, 개성이 비도록 다함이 없으니,[10] 관문을 통과한 이라면 바로 알아차려야 한다.

최고의 이러-한 시절이거늘 어째서 나는 되고 너는 안 된다 하였을까.

행여라도 나귀의 태나 말의 배에서 살림을 하는 것을 꺼려야 하느니라.

圓悟勤 拈 酌然遮一條路 作者方知 直得窮天地亘萬古而不移 消劫石空芥城而無盡 便是透關底 也須急着眼 始得 一等是與麽時節 爲什麽 我得汝不得 切忌向驢胎馬腹裏作活計

10) 지도론(智度論) 38에 '겨자씨가 가득찬 성이 있는데, 100세 이상이 되면 그 성에서 겨자씨 하나를 가져갔다.'라고 되어 있다. 그러므로 '개성이 비도록'이란 헤아릴 수 없는 세월을 말한다.

ᔕ 백운병 선사가 이 칙을 들고 말하였다.

콧구멍을 마구 찢어버리고 눈동자를 바꿔친다. 만일 그런 수단이 없으면 어떻게 종승을 붙들어 일으켜 삿됨을 꺾고 바름을 드러내리오. 비록 그러나 웃는 것이 좋으리니, 30년은 웃어야 하리라. 말해보라. 무엇이 우스운가?

나귀 태와 말의 뱃속에서 살림을 하는 줄을 분명히 알았다는 것이 우습다.

白雲昺 拈 裂轉鼻孔 換卻眼睛 若無者介手段 如何扶竪宗乘 摧邪顯正 雖然如是 直是好笑 笑須三十年 且道 笑箇甚麽 笑情知汝向驢胎馬腹裏作活計

 대원 문재현은 이 칙을 모두 듣고 나서 이르노라.

화상은 되는데 저는 어찌 안 되느냐고?

고산이여! 고귀한 스님으로서 어찌 한나라 개의 후예와 같은 짓을 면하지 못했는가.

세존은 별을 보고 일 마쳤고
구지는 엄지 보고 깨쳤으며
대원은 솔바람에 춤추었네

987칙 백지 석 장

 본 칙

현사 선사가 선승을 시켜 설봉 선사에게 글을 보냈는데 설봉 선사가 상당하여 뜯어보니, 백지 석 장뿐이었다.

이에 대중에게 보이고 말하였다.

"알겠는가?"

선승이 대답하였다.

"모르겠습니다."

설봉 선사가 말하였다.

"군자는 천 리라도 같은 가풍이니라."

선승이 돌아와서 현사 선사에게 아뢰니, 현사 선사가 말하였다.

"산두(山頭) 노장이 지나쳐버린 줄도 모르는구나."

玄沙令僧馳書 上雪峯 峯 上堂開見 白紙三幅 乃示衆云 會麼 僧云不會 峯曰 君子千里同風 僧 回擧似師 師云 山頭老漢 蹉過也不知

∽ 법진일 선사 송

석 장의 백지를 한 함에 봉해서
옛날에 현사가 설봉에게 부쳤네
온전한 기틀을 바랐건만 일러주지 못하고
공연히 천 리에 같은 가풍이라 하였네

法眞一 頌
三張白紙一函封
昔日玄沙寄雪峯
不道全機要相委
謾云千里自同風

ꔰ 정엄수 선사 송

군자는 천 리라도 같은 가풍이라 함이여
얻기 어려운 보배라도 귀할 것이 없건만
석 장의 백지가 옴에
끝없이 남을 따라 지나쳐버린 걸세

淨嚴遂 頌
君子千里同風
不貴難得之貨
都來白紙三張
無限隨他蹉過

∽ 불타손 선사 송

백지에 보낸 글을 설봉에게 주어
설봉은 이로 인해 같은 가풍 기뻐했네
중간에 지나친 일 아는 이 없음이여
밥 먹은 뒤, 강성에서 저녁 종을 치도다

佛陀遜 頌
白紙遺書寄雪峯
雪峯由是喜同風
中間蹉過無人見
齋後江城打暮鍾

ထ 진여철 선사 송

현사의 백지가 이르름에
설봉은 같은 가풍이라 했네
지나친 일, 아는 이 없으니
옛 곡조가 같지 않도다

眞如喆 頌
玄沙到白紙
雪老却同風
蹉過人難會
古曲調不同

꩜ 서암창 선사 송

석 장의 백지를 싸게 팜에
첩칭[11]할 것 없다네
떠들썩한 가운데 저울추를 잃어버림이여
어둠 속에 무쇠덩이를 걷어차라

瑞嵓窓 頌
賤賣三張白紙
貼秤饒箇不會
閙裏失却秤鎚
暗中踢着鐵塊

11) 첩칭(貼秤) : 한 근의 물건을 살 때 950냥이 되면 작은 조각을 더 놓아 근수를 맞추는 것을 말한다.

ꩰ 열재 거사 송

세 폭을 그렸으나 한 글자도 없으니
온 누리가 다하도록 본이 될 이름이 되었으나
그때에 단청할 이가 없어서
등왕의 협접도[12] 같은 그림은 그리지 못했네

悅齋居士 頌
三幅書來一字無
從敎大地盡名模
當時沒箇丹靑手
畫作滕王蛺蝶圖

---

12) 협접도(蛺蝶圖) : 촉의 등왕의 유명한 산수화.

ᯅ 오조계 선사가 나서서 말하였다.

오랑캐의 수염이 붉다고 말할 뻔하였느니라.

五祖戒 出語云 將謂胡鬚赤

○ 동선제 선사가 이 칙을 들고 말하였다.

어디를 지나쳤는가? 만일 지나쳤으면 스승이 어찌 제자의 뜻을 몰랐으랴. 만일 그런 것이 아니라면 현사 선사의 뜻은 무엇이었던가?

만일 알았다면 현사 선사에게서 참구하라.

東禪齊 拈 什麽處蹉過 若的蹉過 師豈不會弟子意 若不恁麽會 只如玄沙意 作麽生 若會 便叅取玄沙

🙞 해인신 선사가 이 칙을 들고 말하였다.

알겠는가? 지혜가 스승과 같으면 스승의 덕을 반감하고, 지혜가 스승을 지나야 능히 전해줄 수 있는데 그래도 한 가지 흠이 있느니라.

海印信 拈 會麽 智與師齊 减師半德 智過於師 方堪傳授 要且欠一着在

ꩰ 황룡남 선사가 어떤 선승이 서신을 가지고 온 것을 인하여 상당하여 이 칙을 들고 말하였다.

총림의 서로 다른 견해는 그 수효조차 알 수 없다. 어떤 이는 "설봉 선사가 서신을 받자마자 말없이 알아 마쳤으나 열어서 본 이 백지를 대중에게 드러내 보여서 다시 그 도리를 설했다." 하니 두 번 거듭 그르쳤다.

어떤 이는 "설봉 선사의 견해가 꼭 현사 선사에 미치지 못한다 할 것도 아니요, 현사 선사의 견해가 꼭 설봉보다 지난다 할 것도 아니다. 이 부자(父子)가 만난 자리에서 번갈아 주창하고 화답하니, 이야기가 퍼지기를 바라서였다." 하고, 어떤 이는 "현사 선사의 이 말이 없었더라면 불법이 어찌 오늘에 이르렀으리오." 하니, 그 종지의 근원인 근본이 아니라 부질없이 자기 망식에 따라 마음 내키는 대로 헤아린 것이다. 이런 견해로 스스로를 그르치는 것은 그럴 수도 있지만, 다른 사람까지도 그르치느니라. 동안이 오늘 눈썹을 아끼지 않고 대중에게 보시하리라. 설봉 선사가 뛰어난 점이 없다 할 수는 없으나, 이미 현사 선사에게 들통난 뒤로 지금에 이르기까지 벗어나지 못했느니라.

黃龍南 因僧馳書至 上堂擧此話云 叢林異解 莫知其數 有云 雪峯

纔接得書 無語識破他 開見是白紙 呈似大衆 更說道理 是兩重蹉過了也 有云 雪峯見處 未必不及玄沙 玄沙見處 未必過於雪峯 此二父子相見 適相唱和 貴要話行 有云 玄沙若無此語 佛法 爭到今日 殊不本其宗源 但恣識情計度 如斯見解 自誤猶可 誤他別人 同安 今日 不惜眉毛 布施大衆 雪峯 不道無長處 旣被玄沙識破 直至如今 雪不出

ꩠ 황룡신 선사가 이 칙에서 "지나친 줄도 몰랐다." 한 곳까지와 이어 어떤 선승이 "그러면 화상은 어떠하십니까?"라고 물으니, 현사 선사가 "첫 봄이어서 아직 춥구나."라고 답한 것을 들고 말하였다.

현사 선사가 빠르고도 걸림 없어 천 리에 광명이 나고, 사방을 욕되게 함이 없었거늘 어째서 산두 노장이 지나친 줄도 몰랐다고 하였을까?

지금 갑자기 어떤 이가 운암에게 "어떤가?" 하면 말없이 보이고 "중추이니 차츰 서늘해지겠구나." 하리라.

黃龍新 擧此話至蹉過也不知 僧 却問 和尙 如何 沙云 孟春 猶寒 師云 玄沙馳達 光生千里 不辱四方 爲什麽 却道山頭老漢 蹉過也不知 如今 忽有人 問雲嵓 如何 良久云 仲秋 漸涼

○ 지해청 선사가 상당하여 이 칙을 들고 말하였다.

선덕들아, 설봉 옛 부처는 밝은 햇빛을 놓아 하늘을 통하는 비춤을 드리워서 곳곳이 광채의 물결을 이루도록 하였고, 현사 종사는 부처님 마음에 순응하여 위로부터 아래로 이어받아 온몸을 드러냈도다.

智海清 上堂擧此話云 諸禪德 雪峰古佛 放杲日而麗天垂照 觸處流輝 玄沙宗師 順佛心而踞地上承 全身露現

 대원 문재현은 이 칙을 모두 듣고 나서 이르노라.

설봉 선사도 현사 선사도 용두사미 꼴을 면치 못했다.

가을하늘 높고도 푸르르고
내장산 단풍은 붉고 붉다

이러-히 이마를 꿰뚫어서
이름자도 서지를 못하는데

구름처럼 밀려든 인파들에
한결같은 희색이 가득해라

988칙 주인공아

 본 칙

현사 선사가 어떤 선승에게 물었다.

"요즘 어디서 떠났는가?"

선승이 대답하였다.

"서암에서 떠났습니다."

현사 선사가 다시 물었다.

"서암이 무슨 말을 하던가?"

선승이 대답하였다.

"늘 '주인공아!' 하고는 스스로 대꾸하기를 '예!' 한 뒤에 다시 말하기를 '정신을 차려라. 다음에 남의 속임을 받지 말라.' 합니다."

현사 선사가 말하였다.

"이것은 정혼을 가지고 놀리기 최고이면서도, 또한 기이하고 뛰어나구나."

다시 말하였다.

"왜 거기에 있지 않았는가?"

선승이 대답하였다.

"서암이 세상을 떠났습니다."
현사 선사가 말하였다.
"지금도 부르고 대답을 하던가?"
선승이 대답이 없었다.

玄沙問僧 近離甚處 僧云 瑞嵓 師云 瑞嵓 有何言句 僧云 長喚主人公 自云 諾 惺惺着 他後 莫受人謾 師云 一等是弄精魂 也甚奇怪 却云 何不且在彼中 僧云 瑞嵓 遷化也 師云 如今 還喚得應麽 僧 無對

☁ 운문고 선사 송

서암의 가풍
주인공을 부름이여
지난 밤, 남산에서
범이 범을 물었다

雲門杲 頌
瑞嵓家風
喚主人公
昨夜南山
虎咬大蟲

∽ 죽암규 선사 송

그 주인공 죽었다 하나
그 주인공 살았느니라
만일 정혼을 가지고 놀릴 줄 알면
양쪽 끝을 다 벗어나리라

竹庵珪 頌
一主人公死
一主人公活
若解弄精魂
兩頭皆透脫

ᢀ 설두현 선사가 이 칙에서 선승이 대답이 없었다는 것까지 들고 말하였다.

아이고! 아이고!

雪竇顯 擧此話至僧無對 師云 蒼天蒼天

☁ 법진일 선사가 이 칙을 들고 이어 보녕 선사가 "화상은 어째서 얼굴을 대하고서도 듣지 못하십니까?"라고 대신 말한 것을 들고 특별히 말하였다.

소리를 낮추라.

法眞一 擧此話 連擧保寧 代 和尙爲甚對面不聞 師別云 且低聲

☁ 원오근 선사가 이 칙을 들고 이어 설두 선사가 이 칙을 들어 말한 것을 들고 말하였다.

만 길, 찬 못 바닥까지 환한데, 달은 복판에 있고, 천 척의 벼랑 끝 솔은 하늘에 기댔는데 바람은 깊은 골짜기에서 나온다.

곧바로 늠름하게 특별히 뛰어난 품격이요, 청정하고 당당한 모습일세. 그러나 달이 푸른 봉우리를 떠나고, 그림자가 구름 속에 떨어져서는 마침내 당면해서도 지나치리라.

그때에 그 선승이 이러-한 이여서 현사 선사가 "지금도 부르고 대답을 하던가?"라고 물을 때, 당장에 할을 했더라면 현사 선사의 나갈 길목을 잡아 끊을 뿐 아니라 서암 노인까지도 숨을 트이게 했으리라.

圓悟勤 擧此話 連擧雪竇拈 師云 萬丈寒潭徹底 月在當心 千尺嵓松倚天 風生幽谷 直得凜凜孤標 澄澄風彩 及至月離碧嶂 影落雲衢 遂乃當面蹉却 當時 者僧 若是介漢 待伊道卽今還喚得應麽 當下便喝 非唯把斷玄沙要津 亦與瑞嵓老子 出氣

ග 죽암규 선사가 상당하여 이 칙을 들고 말하였다.

여러분은 사대와 오온의 귀착점을 알려면 먼저 주인공을 알아야 된다.

(주장자를 내리치고)

주인공은 닿는 곳마다 통해서, 밝기가 거울 같고 넓기가 허공 같다. 능히 거울같이 비추어 잘 포용하나니, 두두물물 곳곳마다 만남에, 앉건 일어나건, 웃건 말하건, 따르며 함께 한다.

길이 또렷또렷하여 혼몽하지 않고, 부르면 대답할 줄 알며, 고개도 끄덕일 줄 알고, 눈빛은 번쩍이며 머리칼은 휘날린다. 바람은 범을 쫓고 구름은 용을 따른다. 용은 하늘로 오르고 학은 둥우리에서 나와서 푸른 하늘 천만 겹을 뚫고 벗어났다. 대중아, 벗어난 뒤엔 어디로 갔는가?

(또 주장자를 한 번 내리치고)

망주석[13] 끝에다 말씀만을 남겨둔 뒤로 아직껏 아무런 소식이 없구나.

竹庵珪 上堂擧此話云 你諸人 要識四大五蘊下落 識取主人公 始得

13) 망주석 : 원문에 화표주(華表柱)라고 되어 있다. 이는 길거리에 세워 이정표로 쓰는 푯말이나 혹은 무덤 앞에 세우는 망주석을 말한다.

乃卓柱杖云 主人公 觸處通 明如鏡寬如空 能鑑照善包容 頭頭是處處逢 起坐隨笑語同 長惺惺不昏蒙 會唱諾愛點胸 眼卓朔頭鬔鬆 風從虎雲從龍 龍上天鶴出籠 透青霄千萬重 大衆 透出後向什麽處去 又卓柱杖一下云 華表柱頭留語後 不聞消息至如今

☁ 조공 선사가 이 칙을 들고 말하였다.

말해보라. 지금 부르는 것은 주인의 부름인가, 손의 부름인가? 그 뒤에 속음은 남에게 속음인가, 스스로에게 속음인가? 판단해 보라.
(공이 스스로 대신 말하기를)
돌! 이 모두 들여우 정혼의 짓이로다.

趙公 擧此話云 且道 如今喚底 是主喚 客喚 他後瞞底 是他瞞 自瞞 試與判看 公 自代云 咄 這野狐精

 대원 문재현은 이 칙을 모두 듣고 나서 이르노라.

가상한 지극함이라 하겠으나 아니다.

솔바람은 줄 없는 거문고 소리이고
가을의 높은 하늘 한 폭의 비단일세

고요하고 고요히 이러-할 뿐이라
같고 다름 끊어진 밝음뿐인 데에서

지팡이에 기대어 노을을 바라보며
평시조 한 곡 하니 보현이 박수로세

989칙 무쇠화로를 두드리다

 본 칙

서천에서 성명 삼장이 왕에게 왔는데 대왕이 현사 선사에게 시험해 주기를 청하자, 현사 선사가 구리 부젓가락을 가지고 무쇠화로를 두드리면서 물었다.

"무슨 소리인가?"

삼장이 대답하였다.

"무쇠를 두드리는 소리입니다."

(법안 선사가 "대사는 대왕을 위하십시오."라고 특별히 말하였다. 법등 선사가 "화상의 질문을 들었습니다."라고 특별히 말하였다.)

이에 현사 선사가 말하였다.

"대왕께서는 외국 사람의 속임을 받지 마십시오."

삼장이 대답이 없었다.

(법안 선사가 "대사께선 오랫동안 대왕의 공양을 받으셨습니다." 라고 대신 말하였다.

법등 선사는 "도리어 화상께서 대왕을 속이십니다."라고 대신 말하였다.)

玄沙因西天 有聲明三藏 到王 大王 請師驗之 師乃將銅火筯 敲鐵火鑪 問是什麽聲 三藏 對日 銅鐵聲(法眼別 請大師 爲大王 法燈別 聽和尙問) 師日 大王 莫受外國人謾 三藏無對 (法眼代 大師久受大王供養 法燈代 却是和尙 謾大王)

ᘓ 설두현 선사가 특별히 말하였다.

대왕은 더욱 믿음과 공경을 다하셔야 됩니다.
(또 삼장을 대신하여 말하기를)
외국사람을 속이지 마십시오.

雪竇顯 別 大王 宜加信敬 又代三藏云 莫謾外國人

ꩰ 천동각 선사가 이 칙을 들고 말하였다.

이치에 계합하면 신령하니, 가난한 아들이 품 안의 보물을 얻음 같고, 정에 막히면 물건이니, 역사(力士)가 이마의 구슬을 잃음 같다. 삼장은 앞을 볼 줄만 알았고, 현사 선사는 뒤를 돌아볼 줄 몰랐도다. 알겠는가? 사람을 무고한 죄는 죄에 죄를 더하는 것이다.

天童覺 拈 理契則神 貧子獲衣中之寶 情封則物力士失額上之珠 三藏 只解瞻前 玄沙 不能顧後 還知麽 誣人之罪 以罪加之

 대원 문재현은 이 칙을 모두 듣고 나서 이르노라.

암호를 대라고 하는 것은 아군을 가려내려는 데에 그 뜻이 있다.

"무슨 소리인가?" 할 때

동에서 서에 가서 서 있고 서에서 동에 가서 서면서

"들은 소리라고 하겠습니까, 본래의 소리라고 하겠습니까?" 했어야 했다.

990칙 알려고 하지도 않는 이

 본 칙

현사 선사에게 설봉 선사가 말하였다.

"남제라는 장로가 있는데 물으면 무엇이나 대답하지 못하는 것이 없더라."

하루는 남제가 설봉에 오자, 설봉 선사가 현사 선사로 하여금 찾아가서 "옛 사람이 말하기를 '이 일은 오직 나만이 알 수 있다.'[14] 했으니, 장로는 어떻게 생각하시오?"라고 묻게 하였는데 남제가 말하였다.

"알려고 하지도 않는 이가 있는 줄 알아야 합니다."

(귀종유 선사가 "손뼉을 세 차례 치리라."라고 특별히 말하였다.

설두현 선사가 "설봉의 문하에 이런 이가 몇이나 될까?"라고 따로 말하였다.)

현사 선사가 말하였다.

"산두(山頭) 노장이 이 무슨 고생을 하고 있는지…."

---

14) 법화경에 "나와 시방세계의 부처님만 이 일을 알고, 성문은 물론 벽지불이나 불퇴(不退)보살이라도 모두 알지 못한다."라는 구절이 있다.

玄沙因雪峯嘗謂曰 有箇南際長老 問無有荅不得者 際 一日到雪峯 峯 令訪師問曰 古人 道 此事 唯我能知 長老 作麽生 際云 須知有不求知者(歸宗柔 別 拊掌三下 雪竇顯 別云 雲峯門下 幾箇如斯) 師云 山頭老漢 喫許多辛苦作麽

☁ 대위철 선사가 이 칙을 들고 말하였다.

현사 선사가 그렇게 말한 것을 대위는 이렇게 드노니, 까닥하지 말라. 무슨 까닭인가? 도독고를 치는 것 같아서 멀건 가깝건 간에 듣는 이는 모두가 죽느니라.

大潙喆 拈 玄沙 伊麼道 大潙 伊麼擧 不得動着 何故 如擊塗毒鼓 遠近聞皆喪

ᔓ 원오근 선사가 이 칙을 들고 말하였다.

현사 선사는 크게 위태로운 데에서 놓아버리고, 심히 빠르게 거두기는 했으나 만일 금산의 견해에 의하건대 그렇게 하지 않으리니 "이 일은 오직 나만이 안다." 하여 "알려고 하지도 않는 이가 있음을 알아야 된다." 하거든 다만 그에게 "역시 장로도 안팎을 가리지 못할 줄 알았었느니라."라고 하기만 하리라. 알겠는가?

한 활촉이 세 관문을 깨뜨렸다고 해도, 분명히 화살 뒤의 길이로다.

圓悟勤 拈 玄沙 放去大嶮 收來大速 若據金山 卽不然 此事 唯我能知 須知有不求知者 只向他道 也知長老不分外 還委悉麽 一鏃 破三關 分明箭後路

 대원 문재현은 이 칙을 모두 듣고 나서 이르노라.

설봉, 현사, 남제, 귀종, 설두, 대위, 원오여!
차 한 잔 드실지어다.
하. 하. 하.

991칙 견고한 법신

 본 칙

현사 선사가 약을 잘못 먹어 온몸이 붉게 부풀었다.
어떤 선승이 물었다.
"어떤 것이 견고한 법신입니까?"
현사 선사가 말하였다.
"고름이 방울방울이니라."

玄沙因誤喫藥 偏身紅爛 僧問 如何是堅固法身 師云 膿滴滴地

ㅇ 천의회 선사 송

방울방울, 온몸이 문드러지고 짓무른다 함이여
고기 낚는 배 위에서 가풍을 드러냄일세
사람들은 낚싯줄 위만 보고
갈대꽃과 여뀌꽃을 마주하고서도 보질 못하네

天衣懷 頌
滴滴通身是爛膿
釣魚船上顯家風
時人只看絲綸上
不見蘆花對蓼紅

ᨏ 숭승공 선사 송

청정한 법신을 고름이 방울방울이라 함이여
겁화가 활활 타도 변치 않는다
한 티끌이 법계임을 꿰뚫은 이 만나기 드무니
겨자씨 속의 수미를 누가 바로 알꼬
누가 바로 알꼬 함이여
진창의 가죽신은 나막신으로 산을 오르는 것만 못하다

崇勝珙 頌
淸淨法身膿滴滴
劫火洞然無變易
一塵法界罕逢人
芥子須彌誰委的
誰委的
泥靴不及登山屐

☁ 열재 거사 송

흰 물결, 파도 복판에 가랑잎 떠가듯이
바람 등지고 물 거슬러 깊은 밤에 다니다가
맑은 새벽 조수 따라 웃으며
십리 맑은 강 언덕을 배 저어 지나가네

悅齋居士 頌
白首波心一葉輕
背風逆水夜深行
笑他淸曉隨潮下
十里澄江掠岸撑

 대원 문재현은 이 칙을 모두 듣고 나서 이르노라.

고름이 방울방울 하다고 함이여
모든 이론 헤아림이 발붙이지 못하고
천마와 외도도 발 들이지 못하네
험!

992칙 언계의 물소리

 본 칙

현사 선사에게 경청이 물었다.

"학인이 총림에 갓 들어왔으니, 스님께서 들어갈 길을 지시해 주십시오."

현사 선사가 말하였다.

"언계의 물소리를 들었는가?"

경청이 말하였다.

"들었습니다."

현사 선사가 말하였다.

"그리로 들어가라."

경청이 이에 들어갈 곳을 깨달았다.

玄沙因鏡淸 問 學人 乍入叢林 乞師指箇入路 師云 還聞偃溪水聲麽 淸云 聞 師云 從遮裏入 淸 於此 得介入處

ᘓ 장산전 선사 송

그리로 들어가라 함에
머리 위와 발 밑까지 온통 젖었네
비록 그러해서 목구멍은 뚫렸으나
한바탕 숨찬 것을 면치 못함일세
바람은 솔솔 불고 물은 유유하니
맑은 노래가 어디서 일어났던가
사람이 뱃전에 있구나

蔣山泉 頌
從這裏入
頭上脚下俱濕
雖然通得咽喉
未免一場氣急
風淅淅水悠悠
淸歌何處起
人在木欄舟

ꕀ 법운수 선사 송

한 방울 언계의 물소리를
사해의 사람들 듣는 이 드물도다
설사 현묘함을 깨달아 안다 해도
역시 정혼에 희롱됨일세

法雲秀 頌
一滴偃溪水
四海小人聞
直饒玄會得
也是弄精魂

ↀ 승천회 선사 송

언계수가 저절로 바다로 돌아가듯이
그 물소리 듣는 이, 만 겁의 귀먹음이 뚫렸네
좋구나! 들어가라는 말 들음이여
소리 소리 이끌어서 원통에 이르렀네

承天懷 頌
一溪偃水自朝宗
聽者能祛萬劫聾
好是聞從言下入
聲聲相引到圓通

◌ 숭승공 선사 송

이제 총림에 들어왔으니
들어갈 길을 가르쳐 달라 했네
언계의 물소리여
고금에 홀로 드러났으나
학인이 들었다 하면
수레 소리이고 두레박 소리일세
그리로 들라고 함이여
얼마나 등지고 얼마나 어긋남인가

崇勝珙 頌
乍入叢林兮　乞箇入路
偃溪水聲兮　古今獨露
學人旣聞兮　可車可戽
從者裏入兮　何錯何誤

ᨒ 열재 거사 송

그대가 언계의 물소리를 들을 줄 알았고
산하로 눈동자를 삼을 줄 알았다 해도
옛 사람이 좋아하는 마음이 아니니
가사(袈裟) 밑에서 듣기를 바라노라

悅齋居士 頌
知君聞得偃溪聲
且認山河作眼睛
古人不是好心漢
請向袈裟底下聽

☁ 백운연 선사가 상당하여 이 칙을 들고 말하였다.

과연 들어갔다면 마음대로 사방과 팔면을 일임하거니와 만일 그렇지 못하다면 때마다 이 속을 여의지 말지어다.

白雲演 上堂擧此話云 果是得入 一任四方八面 若也未然 輒不得離却遮裏

ꕤ 불안원 선사가 보설에서 이 칙을 들고 말하였다.

요즘 사람이 분명하게 알지 못함으로 해서, 심성이 두루하거늘 "다시 누가 듣는가?" 하니, 이런 말이 무슨 통할 바가 있으랴.

바로 온몸이 벌거벗은 듯하여 한 치의 실도 걸침이 없어야 된다. 여러분에게 묻노니, 옷을 입고 왔는가?

(잠잠히 있다가)

그렇게도 부끄러움을 모르는가? 오래 서 있었다.

佛眼遠 普說 擧此話云 今時人 不明了 祇管道心性周遍 更是誰聞 如此言論 有何交涉 直須是通身赤條條地 不掛寸絲 始得 且問諸人 還着衣來麽 良久云 得伊麽不識羞恥 久立

☁ 불안원 선사가 다시 보설에서 이 칙을 들고 말하였다.

내가 여러 사람들에게 "들을 때에 무엇을 듣는가?" 물으면 모두가 "물소리를 듣는다."라고 대답하니 이런 견해가 무슨 쓸데가 있겠는가.

그들의 소견에 의하건대, 들은 곳이 역력한 경지를 일시에 알았다 하여 이 들음 밖을 가르려 하나, 소리라 할 만한 것도 얻을 수 없다. 어떤 이는 "모두가 자신의 이 속에서 현현한다." 하나 이 속이란 업식일 뿐이다. 어떤 이는 "물소리가 아니라 자기를 들었다." 라고 대답하니 산승이 그에게 "스스로 자기이거늘 어떻게 자기를 들으리오?" 하였다.

마음을 알고 성품을 알면 불법은 매우 힘을 더는 것이거늘 늘 알기 쉬운 법문을 가지고 사람들 스스로가 고생을 한다.

옛 사람이 어찌할 수 없어서 사람들에게 "일념으로 마음을 고요히 하고 보아라." 하였으니, 좋은 말이로다.

후에 사람들이 옛 사람의 뜻을 알지 못하고 그 속에서 눈을 감고 몸과 마음을 누르고 굴복시켜 우뚝우뚝 앉아서 깨닫기를 기다리니, 퍽 어리석고 퍽 어리석도다. 너무 오래 서 있었다.

又普說 擧此話云 我問你 聞時聞介什麽 箇箇對曰聞水聲 如此見解

堪作何用 據他所見 聞處歷歷地 一時領得 離此聞外 無聲可得 盡從我者裏顯現 者箇 是業識 有底 對云 不是水聲 是聞自己 山僧 向道自己了 如何聞自己 所謂認心認性 佛法 是介省力 易會法門 人自辛苦 古人 見不奈何了 向人道 你試一念靜思看 好言語 後人 不明古人意了 去那裏 閉眉合眼 捺伏身心 堆堆地坐了 等悟 好癡好癡 久立

ꕤ 운문고 선사가 상당하여 이 칙을 들고 이어 오조연 선사가 "그 속을 떠나지 말라." 한 것을 들고 말하였다.

만일 참으로 들어가려 한다면 당장 그 속이라는 것마저 버려야 되느니라.

雲門杲 上堂擧此話 連擧五祖演云 不得離却遮裏 師云 若要眞介得入 直須離却者裏

ᔐ 죽암규 선사가 이 칙을 들고 말하였다.

사람들에게 잘못 보여준 것이 아니겠는가?

竹庵珪 擧此話云 莫錯示人麽

ꩲ 밀암걸 선사가 이 칙을 들고 이어 오조연 선사와 운문고 선사가 이 칙을 들어 말한 것을 들고 말하였다.

두 큰 노장이 모두가 갈림길에서 서로 만남에 칠통이라 서로 닦아준다 하나 무슨 상쾌함이 있으리오.
경산은 그렇게 하지 않으리니 듦이라는 한 글자도 듣기를 좋아하지 않노라.

密庵傑 擧此話 連擧五祖演雲門杲拈 師云 二大老 惣是岐路相逢 漆桶相揩 有甚快活處 徑山 卽不然 入之一字 亦不喜聞

 대원 문재현은 이 칙을 모두 듣고 나서 이르노라.

"그리로 들어가라." 하면 이르리라.

쉿!

993칙 나로 해서 그대가 절을 하게 되었구나

 본 칙

현사 선사가 새로 온 선승이 절을 하는 것을 보고 말하였다.
"나로 해서 그대가 절을 하게 되었구나."

玄沙因見新到才禮拜 師云 因我得禮你

☁ 운문고 선사 송

공자는 글자를 모르고
달마는 선(禪)을 모른다
현사에게는 이런 말도 없으니
함부로 퍼뜨리지 말라

雲門杲 頌
夫子不識字
達摩不會禪
玄沙無此語
切莫妄流傳

⊂ 죽암규 선사 송

날카로운 칼로 스스로의 목숨을 끊고
한낱 초목에 의탁하는 정령이나 되려 하지 말게
한 법이라도 남에게 준 것이 있다 하면
영원히 발설지옥에 들리라

竹庵珪 頌
利刀自斷命根
不要依草附木
若有一法與人
永入拔舌地獄

 대원 문재현은 이 칙을 모두 듣고 나서 이르노라.

어진 말은 채찍그림자만 보아도 달리고 사자는 흙덩이를 물지 않고 사람을 문다는 말이 있다.

하늘에는 별들의 축제이고
금정산 밑 부산야경 장관이다
묘심아, 한 수 읊어 보아라

994칙 무쇠배

 본 칙

현사 선사가 설봉에 있을 때 광(光) 시자가 현사 선사에게 말하였다.

"사숙께서 선(禪)을 배워 깨달았다면 저는 무쇠배를 타고 바다로 들어가겠습니다."

현사 선사가 주지가 된 뒤에 광 시자에게 물었다.

"그대는 무쇠배를 탔는가?"

광 시자가 대답이 없었다.

玄沙在雪峯時 光侍者謂師曰 師叔 若學得禪 某甲 打鐵船下海去 師住後 遂問光侍者 汝打得鐵舡也未 光 無對

ↀ 법안 선사가 대신 말하였다.

화상도 결국은 이 같지는 못하셨군요.

法眼 代 和尙 終不恁麽

☁ 법등 선사가 대신 말하였다.

화상이시여, 배에서 내려보십시오.

法燈 代 請和尙下船

ᔕ 현각 선사가 대신 말하였다.

가난한 사람이 묵은 빚을 생각함일세.

玄覺 代 貧兒思舊債

 대원 문재현은 이 칙을 모두 듣고 나서 이르노라.

"그대는 무쇠배를 탔는가?" 할 적에 "날이면 날마다 무엇을 보았습니까?" 했어야 했다.

995칙 달

 본 칙

현사 선사가 대중에게 보이고 말하였다.

"세존께서 '나에게 정법안장이 있는데 마하가섭에게 부촉하노라.' 라고 말씀하셨으니, 마치 달을 이야기하는 것 같고, 조계가 불자를 세운 것은 마치 달을 가리킨 것 같으니라."

이에 고산이 말하였다.

"달이여!"

현사 선사가 말하였다.

"저 선승이 나에게서 달을 찾는구나."

고산이 긍정치 않고, 대중에게 가서 말하였다.

"날더러 남에게서 달을 찾는다 하더라."

玄沙 示衆云 世尊 道 吾有正法眼藏 付囑摩訶大迦葉 猶如話月 曹溪竪拂 猶如指月 鼓山云 月㖿 師云 者阿師 就我覓月 鼓山 不肯 却歸衆云 道我就他覓月

൏ 설두현 선사가 이 칙을 들고 말하였다.

현사 선사와 고산은 마치 백만 대군을 놔두고 기와쪽만 던지는 것 같도다. 혹 어떤 납자가 가려내면 정법안장을 전해 받을 자격이 있다.

雪竇顯 拈 玄沙鼓山 如排百萬軍大陣 祗抛瓦子相擊 或有衲僧 辨得 當知正法眼藏付囑有在

ꩦ 황룡심 선사가, 어떤 선승이 덕산 선사에게 "조계의 달 이야기와 영산의 달 가리킴은 묻지 않겠거니와 어떤 것이 달입니까?"라고 물으니, 덕산 선사가 "지난 밤 삼경에 서쪽으로 넘어갔느니라." 하자 선승이 말이 없었다는 것을 들고 말하였다.

정말 영리하구나. 다만 그에게 "진정한 선지식이라면 죽고 사는 내역을 알아야만 성인이라 할 수 있다." 하리라.

黃龍心 擧僧問德山 曺溪話月 靈山指月 卽不問 如何是月 山曰昨夜三更 轉向西 僧 無語 師曰 更靈利 但向伊道 眞善知識 待者老底知存知亡 其惟聖人乎

 대원 문재현은 이 칙을 모두 듣고 나서 이르노라.

모두들 물 속의 달 이야기나 하는 이들일세.

오늘이 갑신년의 우수고
2주 후의 5일이 경칩이니
개구리 동면에서 나올 걸세

잎 피고 꽃이 피면 나비 날고
새들도 숲 속에서 노래하며
대자연 풍광들이 어울리리

이러-히 세월을 북채로
세상을 북 삼아 즐기는 게
우리네의 일상이 아니던가

996칙 만 리의 신령한 광채

 본 칙

현사 선사가 다음과 같이 송하였다.

만 리의 신령한 광채가 정수리 뒤의 모습이라면
정수리가 없어진 뒤에는 어느 곳을 향해 볼꼬?
일이 이미 이루어지고 뜻까지 쉬었다면
그가 온 발자취 이른 곳곳마다 두루할 걸세
지혜로운 이는 듣자마자 재빨리 제 것 삼아
잠깐의 사이라도 머리 잃는 일 없도록 하리

玄沙偈云
萬里神光頂後相　沒頂之時何處望
事已成意已休　此箇來蹤觸處周
智者聊聞猛提取　莫待須臾失却頭

ↀ 법진일 선사 송

신령한 광채가 정수리 뒤에서 가없이 비춤이여
만 리라 해도 구구하거니 어찌 말로 다하랴
현사의 분명한 뜻을 물으면
서리 오는 밤 하늘에 해골이 싸늘하다 하리

法眞一 頌
神光頂後照無邊
萬里區區豈足言
若問玄沙端的意
霜天夜半髑髏寒

 대원 문재현은 이 칙을 모두 듣고 나서 이르노라.

북두를 남을 향해 보아라
이러-히 마음밖에 없으나
노을 속에 떠가는 배 본다네

997칙 제비소리

 본 칙

현사 선사가 상당하여 제비 소리를 듣고 말하였다.
"실상을 깊이 이야기하고, 법요를 잘 설하였도다."
곧바로 자리에서 내렸다.

玄沙 上堂 聞鷰子聲 乃云 深談實相 善說法要 便下座

ᔕ 법진일 선사 송

제비가 날아와 그림 그려진 대들보를 맴돌면서
실상을 깊이 말한 메아리 낭낭하네
천 소리, 만 마디를 아는 이 없어서
또다시 꾀꼬리소리 좇아 담장을 넘는구나

法眞一 頌
紫鷰飛來繞畵梁
深談實相響瑯瑯
千言萬語無人會
又逐流鶯過短墻

ᔕ 공수 화상 송

죽이고 살림을 분주하게 함
천성들이 같지 않으나
눈썹을 보존했다 해도
콧구멍을 잃었다 할 걸세

(이 기록에 현사 선사의 설법에서 "법요를 잘 이야기한다." 한 곳에 이르러 자리에서 내리니, 어떤 선승이 "저는 모르겠습니다. 가르쳐 주십시오." 하니 현사 선사가 "가거라. 그대를 믿는 이는 다른 이일 수 없다." 했다.)

空叟和尙 頌
殺活交馳
千聖不共
救得眉毛
失却鼻孔
(此錄 擧玄沙忝次至 善說法要便下座時 有僧請益云 某甲 不會 師云去 無人信汝)

ꩲ 보림본 선사가 상당하여 이 칙을 들고 말하였다.

옛 사람이 한평생 들어 제창한 것들이 실로 천고의 큰 규범이라, 건곤을 한 손에 쥐어 면면히 샘이 없다. 참문을 끝낸 고덕은 모르는 것이 없지만, 후참인 초심자는 흔히 잘못 안다.

혹은 "사바세계는 음성으로 불사를 한다." 하고, 혹은 "일체 소리가 부처의 소리다." 하고, 혹은 "한 번 들면 한 번 새로워진다." 하고, 혹은 "조금 분명하다 할 것이다." 하고, 혹은 "한 할도 쓸 것 없다." 하고, 혹은 "다시 무엇을 의심하리오." 하나니, 이렇게 헤아리면 모두가 초목에 붙은 정령이니라.

말해보라. 현사 선사의 뜻은 무엇인가?

(말없이 보이고)

천 마디, 만 마디를 한들 아는 이 없어서 또 다시 꾀꼬리 소리 따라 담장을 넘는구나.

(주장자로 선상을 치다.)

寶林本 上堂擧此話云 古人一期擧唱 實謂千古鴻規 把定乾坤 綿綿不漏 罷叅高德 無不備知 後進初心 往往錯會 或云 娑婆世界 以音聲爲佛事 或云 一切聲 是佛聲 或云 一回擧着一回新 或云 多少分明 或云 不消一喝 或云 更嫌什麽 若作如此商量 盡是依草附木 且道 玄沙意 作麽生 良久云 千言萬語無人會 又逐流鸎過短墻 柱杖 擊禪床

ꩰ 육왕심 선사가 이 칙을 들고 말하였다.

제비가 천기를 누설하니 현사 선사가 다시 번역을 했다.

여러분은 믿어 안 곳이 있는가? 천 마디, 만 마디를 아는 이 없어서 또 다시 꾀꼬리소리 따라 담장을 넘는구나.

育王諶 拈 鷰子漏泄天機 玄沙更爲翻譯 諸人 還有信解處麽 千言萬語無人會 又逐流鶯過短墻

 대원 문재현은 이 칙을 모두 듣고 나서 이르노라.

그 어찌 제비소리뿐이리오.

998칙 주장자로 일시에 쫓아내다

 본 칙

현사 선사가 상당하자 대중이 모이거늘 현사 선사가 주장자로 일시에 쫓아내고 돌아가서 시자에게 말하였다.

"내가 오늘 한 가지 견해를 일으켰으니, 지옥에 빠지기가 화살 같으리라."

시자가 말하였다.

"화상께서 다시 사람으로 되돌아 오셨으니 기쁩니다."

玄沙 上堂 衆集 遂將柱杖 一時趁下 却回 向侍者道 我今日 作得一解 喩入地獄如箭射 侍者云 喜得和尙 再復人身

☁ 취암지 선사가 이 칙을 들고 말하였다.

대단하다는 현사 선사가 앞으로는 마을에 이르지 못했고, 뒤로는 가게에 닿지 못했으니 몸 벗어날 길을 어떻게 말해야 되겠는가?

翠嵓芝 拈 大小玄沙 前不到村 後不至店 且作麽生道得出身之路

ꩰ 도오진 선사가 이 칙을 들고 말하였다.

대단하다는 취암지 노장이 치우쳐 말했을 뿐이다. 만일 도오라면 그렇게 하지 않으리니, 현사 선사와 시자 한 사람마다 온통인 눈을 갖추었다 하리라.

道吾眞 拈 大小芝老 只是偏拈 若是道吾 卽不然 玄沙與侍者 一人具一隻眼

 대원 문재현은 이 칙을 모두 듣고 나서 이르노라.

현사 선사와 시자는 물론 취암 선사, 도오 선사 이 두 분들 또한 뭐하는 분들인가?

봄 가지는 훈풍에 춤을 추고
먼 산 밑에 안개는 바다 같네
홈

999칙 누가 만나보겠는가

 본 칙

현사 선사가 말하였다.

"나와 함께 석가가 동참했으니 말해보라. 누가 만나보겠는가?"

(심인집에, 선종 인혜 행도 대사가 상당하여 "나와 함께…"에서 "누가 만나보겠는가?"라고 할 때에 이르러 어떤 선승이 나와서 절을 하고 물으려 하자 선사가 말하기를 "틀렸다." 하고 곧장 자리에서 내려왔다 하였다.)

玄沙云 我與釋迦老子 同叅 且道 叅見阿誰 (心印集 仙宗仁慧行瑫大師 上堂云 我與至阿誰 時有僧 出禮拜擬伸問次 師云 錯 便下座)

☁ 백장상 선사의 문답

백장상 선사에게 어떤 선승이 물었다.

"옛 사람이 '석가가 나와 동참했다.' 하니, 어떤 사람입니까?"

백장상 선사가 말하였다.

"동참한 이라야 비로소 아느니라."

선승이 다시 물었다.

"그 사람께 어찌해야 가까이 하겠습니까?"

백장상 선사가 말하였다.

"그러면 만나볼 줄 모르는 짓이니라."

百丈常 因僧問 古人 有言釋迦與我同叅 未審何人 師云 唯有同叅方得知 僧云 未審此人 如何親近 師云 恁麽卽不解叅也

ꩰ 육왕심 선사가 이 칙을 들고 말하였다.

(주장자를 집어들고)

현녕의 이 주장자가 만나보았느니라. 누군가가 눈썹을 세우고 함께 증거해 주겠는가?

만일 능히 이러-하다면 재앙은 삼가는 집 문 안엔 들지 못하느니라.

育王諶 拈 師拈柱杖云 叅見顯寧這柱杖子 還有剔起眉毛 共相證據者麽 若能如是 禍不入愼家之門

 대원 문재현은 이 칙을 모두 듣고 나서 이르노라.

("누가 만나보겠는가?" 한 데에 이르러)

쉿!

1000칙 친히 전한 일

본 칙

현사 선사에게 어떤 선승이 물었다.

"어떤 것이 화상께서 친히 전하신 일입니까?"

현사 선사가 대답하였다.

"나는 사(謝)씨네 자손이니라."

玄沙 因僧問 如何是和尙親傳底事 師云 我是謝家兒

☁ 투자청 선사 송

분명한 뜻 친히 펴서 그대에게 말했으니
경전의 말씀[15]을 소실(少室)의 전함[16]에 견주지 말라
지난 밤에 기러기가 쌍령 밖에서 돌아오고
사씨네 사람이 밝은 달 앞에 섰다

投子青 頌
親伸端的向君言
莫比流沙少室傳
昨夜雁廻雙嶺外
謝家人立月明前

15) 원문의 유사(流沙)는 서역, 인도를 말한다.
16) 소실은 달마가 법을 전한 소림사를 말한다. 즉, 소실에 전함은 달마가 전한 불법을 말한다.

 대원 문재현은 이 칙을 모두 듣고 나서 이르노라.

만약 어떤 이가 내게 "어떤 것이 친히 전하신 일입니까?" 한다면 "죽비가 나 먼저 누설하는구나." 하리라.

1001칙 꿰맴 없는 탑

 본 칙

현사 선사에게 어떤 선승이 물었다.
"어떤 것이 꿰맴 없는 탑입니까?"
현사 선사가 말하였다.
"이 한 꿰맴이 크다 하겠는가, 작다 하겠는가?"

玄沙 因僧問 如何是無縫塔 師云 只這一縫 大 少

◌ 천동각 선사 송

이 한 꿰맴이 크다 하겠는가, 작다 하겠는가 한 것을
총림에 오래 있던 이는 환히 안다
간곡히 부촉하는 말에 고개를 끄덕이고
길료[17]의 말이라 해도 손을 떨쳐버린다
길료가 아니라 해도
사람마다 발 아래가 장안의 길이로다

天童覺 頌
只這一縫大少
飽叢林漢分曉
點頭言語丁寧
擺手舌頭猗獠
不猗獠
人人脚下長安道

---

17) 길료(猗獠) : 중국 서남쪽 소수민족의 이름. 육조 혜능 대사가 길료인이었다. 오조 홍인 대사를 만났을 때 홍인 대사가 "그대가 남방의 길료 사람인데 오랑캐가 감히 부처가 될 수 있겠는가?"라고 하자 육조 대사는 "사람은 비록 남북이 있으나 불성에는 본래 남북이 없으니 오랑캐의 몸은 화상과 같지 않으나 불성이 어찌 다름이 있겠습니까."라고 답하였다.

ᔓ 천동각 선사가 다시 이 칙을 들고 말하였다.

이미 드러난 공안을 보고 "조목에 의거해 단안을 내린 것이라." 한다면 나는 그가 현사 선사를 몰랐다 하리라.

누군가가 장로에게 물으면 그에게 "네 귀가 땅에 닿았다." 하기만 하리라.

말해보라. 현사 선사를 알았다 하겠는가, 현사 선사를 알지 못했다 하겠는가? 안목이 있는 이는 가려내보라.

又擧此話云 見成公案 你若道據款結案 我知你未識玄沙 若有人問長蘆 祇向道 四稜蹋地 且道 識玄沙 不識玄沙 具眼者辨看

 대원 문재현은 이 칙을 모두 듣고 나서 이르노라.

어떤 이가 내게 "어떤 것이 꿰맴 없는 탑입니까?" 하면 "터질 수도 있느냐?" 할 것이다.

험!

1002칙 삼승십이분교가 필요치 않다

 본 칙

현사 선사에게 어떤 선승이 물었다.
"삼승십이분교는 필요치 않거니와 어떤 것이 조사께서 서쪽에서 오신 뜻입니까?"
현사 선사가 대답하였다.
"삼승십이분교가 필요치 않느니라."

玄沙 因僧問 三乘十二分教 卽不要 如何是祖師西來意 師云 三乘十二分教 惣不要

ᔕ 백장상 선사 송

삼승은 필요치 않고, 조종(祖宗)이 필요하다 하니
그대처럼 삼승이 필요치 않다 했네
그대 지금 종지를 알고자 한다면
새벽녘의 원숭이 울음이 산 봉우리 여기저기서 울리네

百丈常 頌
不要三乘要祖宗
三乘不要與君同
君今欲會通宗旨
後夜猿啼在亂峯

ꕤ 황룡심 선사가 이 칙을 들고 말하였다.

구슬이 못에 있는 것 같아서 본래 스스로 흠이 없고, 옥이 돌 속에 있는 것 같아서 본래 스스로 티가 없다.

안다는 이는 가시나무로 대들보를 삼음이요, 모른다는 이는 제호를 독약으로 만듦이다.

黃龍心 擧此話云 如珠在淵 本自無纇 如玉在石 本自無瑕 識者 荊棘 但爲棟梁 不識者 醍醐翻成毒藥

 대원 문재현은 이 칙을 모두 듣고 나서 이르노라.

어떤 이가 내게 "삼승십이분교는 필요치 않거니와 어떤 것이 조사께서 서쪽에서 오신 뜻입니까?" 하면 "3 곱하기 12는 36이니라." 라고만 했을 것이다.

1003칙 종승의 일

 본 칙

현사 선사에게 어떤 선승이 물었다.

"옛 사람이 망치를 들고 불자를 세운 것이 마땅히 종승의 일이 맞습니까?"

현사 선사가 말하였다.

"맞지 않느니라."

선승이 다시 물었다.

"옛 사람의 뜻이 무엇입니까?"

현사 선사가 불자를 일으켜 세우자, 선승이 다시 물었다.

"종승의 일은 어떠합니까?"

현사 선사가 대답하였다.

"그대가 깨닫기를 기다려야 되느니라."

玄沙 因僧問 古人拈槌竪拂 還當宗乘中事也無 師云 不當 僧云 古人意 作麽生 師竪起拂子 僧云 宗乘中事如何 師云 待你悟去 始得

꩜ 대홍은 선사의 문답

대홍은 선사가 이 칙을 들고 말하였다.

“설사 그대가 깨달았더라도 종승의 일에 맞지 않느니라.”

선승이 물었다.

“어떤 것이 종승의 일입니까?”

(대홍은 선사가 주장자를 일으켜 세움에, 선승이 헤아리며 말을 하려 하자, 대홍은 선사가 주장자를 던지다.)

大洪恩 拈 設爾悟去 亦不當宗乘中事 僧問 如何是宗乘中事 師拈起柱杖 僧 擬進語 師擲下柱杖

 대원 문재현은 이 칙을 모두 듣고 나서 이르노라.

만약 어떤 이가 내게 "옛 사람이 망치를 들고 불자를 세운 것이 마땅히 종승의 일이 맞습니까?"라고 묻는다면 "망치 불자니라." 하고, "옛 사람의 뜻이 무엇입니까?" 라고 물으면 "없다." 하고, "종승 안의 일은 어떠합니까?" 하면 "이렇느니라." 하리라.

1004칙 해골

 본 칙

현사 선사가 대중에게 보이고 말하였다.
"해골이 항상 세계를 일으키고, 콧구멍이 가풍을 펼치느니라."

玄沙 示衆云 髑髏常干世界 鼻孔摩觸家風

ꩲ 설두현 선사가 이 칙을 들고 말하였다.

다 그만두고 달리 해석해 보아라.
(스스로 대신 말하기를)
조사께서 후세에 전하였다.

雪竇顯 擧此話云 拈却 別致一問來 自代云 祖師遺下

ꕤ 취암종 선사가 이 칙을 들고 말하였다.

해골을 쳐부수고 콧구멍을 꿰어 들며, 세계를 옮기고, 가풍이라 함도 없애버리면 여러분은 어디서 현사 노장을 보겠는가?

翠嵓宗 拈云 打破髑髏 拈却鼻孔 移却世界 泯絶家風 諸人 向什麽處見玄沙老子

 대원 문재현은 이 칙을 모두 듣고 나서 이르노라.

해골이 항상 세계를 일으키고, 콧구멍이 가풍을 펼칠 뿐 아니라, 노래와 춤의 역할을 다하느니라.

험!

1005칙 차 받침을 들어 올리다

 본 칙

현사 선사가 어느 날, 위감군과 차를 마시면서 이야기를 나누던 끝에 감군이 말하였다.

"점파국[18]의 말도 알기 어렵거늘 하물며 오천축[19]의 말을 누가 가려내겠습니까?"

현사 선사가 차 받침을 들어 올리면서 말하였다.

"이것을 알면 곧 가려내느니라."

玄沙 一日 與韋監軍茶話次 軍云 占波國人語話 稍難弁 何況五天梵語 還有人弁得麽 師提起托子云 識得這箇 卽辨得

---

18) 점파국(占波國) : 중인도 경계 북쪽에 있다.
19) 오천축(五天竺) : 인도를 동·서·남·북·중의 다섯 지역으로 나누어 일컫는 말.

ᔓ 열재 거사 송

서천의 경전이 어려운 것이 아닌데
무엇하러 멀리 범승(梵僧)에게 물어보랴
눈썹을 곤두세우면 나집[20]이 나타나고
두 손을 벌리면 마등[21]이 보인다

悅齋居士 頌
西天貝葉不難明
何必迢迢問梵僧
策起眉毛羅什現
展開兩手見摩騰

20) 나집(羅什) : 구마라집(鳩摩羅什). 경전과 불서 35종 294권을 번역한 인도의 승려.

21) 마등(摩騰) : 섭마등(攝摩騰). 중국에 최초로 42장경을 가져와서 번역한 인도의 승려.

ↀ 운문언 선사가 이 칙을 들고 말하였다.

현사 선사는 무엇하러 여러 말을 했을까?
(또 말하기를)
아까 무엇이라 했던가?
(또 말하기를)
무슨 가려내기 어려움이 있으리오.

雲門偃 拈 玄沙 何用繁辭 又云 適來道什麽 又云 有什麽難辨

ᢀ 법진일 선사가 특별히 말하였다.

입을 벌리면 바로 안다.

法眞一 別 下口便知音

 대원 문재현은 이 칙을 모두 듣고 나서 이르노라.

위감군이 내게 그렇게 물었다면 "꽃머리의 나비도 일러준다." 했을 것이다.

1006칙 산하대지를 어느 곳에서 얻겠는가?

 본 칙

소주 운문산 문언 선사가 주장자를 집어들고 대중에게 보이고 말하였다.

"주장자가 용이 되어 누리를 삼켰다. 산하대지를 어느 곳에서 얻겠는가?"

韶州雲門山文偃禪師 拈柱杖示衆云 柱杖子 化爲龍 呑却乾坤了也 山河大地 甚處得來

◌ 설두현 선사 송

주장자가 건곤을 삼켰다는 것도
복사꽃 물결에 달리게 하는 헛된 말이나
꼬리를 태우는 것[22]이 구름을 잡거나 안개를 움켜쥐는 데에 뜻이 있는 것이 아니니
아기미가 쬐어 말려진다고 하는 것[23]이 어찌 두려워 떨게 하려는 것이랴
집어듦에 들음 없이 들어서
곧장 높고 큰 마음으로 밝아서
다시 어지러워지기를 쉬어라
일흔두 방망이로 밝게 알게 하기는 손쉽거니와
그대를 놓아주는 것은 백오십 방망이로도 어렵느니라

(설두현 선사가 주장자를 번쩍 집어들고 자리에서 내리자, 대중이 일시에 흩어지다.)

---

22) 등용문(登龍門)을 설명하는 글에, 천신이 불을 내려 꼬리를 태우면 뜨거워서 강하게 꼬리를 쳐 이곳을 통과하는 잉어는 용이 되어 승천한다고 한다.
23) 등용문에 오르지 못해 떨어지는 것.

雪竇顯 頌

柱杖子呑乾坤

徒說桃花浪奔

燒尾者不在拏雲攫霧

曝腮者何必喪膽亡魂

拈了也聞不聞

直須灑灑落落

休更紛紛紜紜

七十二棒且輕恕

一百五十難放君

師驀拈柱杖下座 大衆 一時走散

ꕀ 삽계익 선사 송

산은 첩첩하고 물 세차게 흐르고
온세상 유람자들은 모두 일찍 돌아가네
우문(禹門)에서 복사꽃 물결을 뚫으려고
바람과 우레를 기다리기 얼마이던가
고향에 돌아오니 다른 일 없고
안개 낀 마을에 두견새 소리만이…

霅溪益 頌
山疊疊水瀰瀰
遊子天涯合早歸
禹門欲透桃花浪
待得風雷是幾時
歸到家鄉無介事
煙村一任杜鵑啼

ಌ 단하순 선사가 상당하여 말하였다.

징조가 있기 이전이니, 손과 주인이 어찌 성립되랴만 연등불 이후엔 방편을 일으켜 겸하였느니라.

그러므로 운문 화상이 "주장자가 용이 되어 누리를 삼켰다. 산하대지를 어느 곳에서 얻겠는가?" 했으니, 운문의 그런 말이 좋기도 좋고, 아름답기도 아름다우나 자세히 살피건대 다만 스스로만 이롭게 했고, 남을 이롭게 한 것은 전혀 없도다. 단하는 그렇게 하지 않으리니, 주장자가 용이 되어서 남산에서 구름을 일으키고 북산에서 비를 내린다.

곧 신령한 싹이 무성하게 높이 솟고, 상서로운 풀이 더욱 광채를 발하게 한다. 삼천대천의 세계가 나의 집이거늘 하필 서구야니와 남섬부주를 나누랴.

여러분이 만일 이 속에서 자세히 밝히면 가위 공을 방자히 베풀지 않았다 하겠지만, 만일 그렇지 못하면 공훈에 떨어짐을 면치 못하리라. 말해보라. 공훈에 떨어지지 않는 한 구절은 어떻게 말해야 되는가?

(말없이 보이고)

알겠는가? 손에서 떨쳐버렸으니 거기는 천 성인의 밖이라, 길을 돌이켜 불 속에서 연꽃을 피게 함이로세.

丹霞淳 上堂云 眹兆未分 賓王何立 燃燈已後 兼帶權輿 所以 雲門和尙 道 柱杖子 化爲龍至甚處得來 雲門恁麽道 美卽美矣 善卽善矣 子細看來 只能自利 殊無利他 丹霞 卽不然 柱杖子 化爲龍 南山起雲 北山下雨 直得靈苗繁秀 瑞草增輝 大千沙界盡吾家 何必西瞿與南贍 諸人 若向這裏 委悉得去 可謂功不浪施 其或未然 不免落功勳去也 且道 不落功勳一句 又作麽生道 良久云 還會麽 撒手那邊千聖外 廻程 堪作火中蓮

ᢀ 장로색 선사가 상당하여 이 칙을 들고 말하였다.

(주장자를 일으켜 세우고)

주장자는 다만 나무일 뿐이다. 용으로 변한 적도 없고, 건곤을 삼킨 적도 없어서 산하대지가 뚜렷이 있다.

손이 오거든 내다봐야 되고, 도적이 왔거든 때려야 된다.

(향대를 한 차례 치고 주장자에 기대면서)

만일 아무 일도 없거든 와서 선상 앞에서 절을 하라. 알겠는가? 만 가지 베풀어 설함이 항상함만 같지 못하나, 길이 변함 없다 해서 사람이 두려워할 것도 없느니라.

長蘆賾 上堂擧此話 拈起柱杖云 柱杖 只是木頭 不曾變化爲龍 亦不曾呑却乾坤 山河大地 宛然猶在 有時客來須看 有時賊來須打 乃擊香臺一下 靠却柱杖云 若惣無事 却來祗候禪床 還會麽 萬般施設 不如常 又不驚人又久長

ↀ 황룡심 선사가 이 칙을 들고 말하였다.

눈 밝은 종사가 지금도 있도다. 만약 갑자기 어떤 사람이 나서서 "이것은 주장자다. 산하대지가 무슨 허물이 있는가?" 한다면 그에게 온통인 눈이 있음을 허락하리라.

黃龍心 拈 明眼宗師至今猶在 忽若有介漢 出來道 者介 是柱杖子 山河大地有甚過也 許伊具一隻眼

 대원 문재현은 이 칙을 모두 듣고 나서 이르노라.

(주장자를 번쩍 들고)
주장자가 산하를 삼킨 연후
돌사자가 요술을 부려낸다

불철판에 꽃피니 나비 날고
나무처녀 봄 맞아 나들이일세

증오야, 대금 한 곡 불려무나
곡차 한 잔 들면서 즐겨보자

1007칙 티끌티끌마다 삼매

 본 칙

운문 선사에게 어떤 선승이 물었다.
"어떤 것이 티끌티끌마다 삼매인 것입니까?"
운문 선사가 대답하였다.
"발우 안의 밥이요, 통 속의 물이니라."

雲門 因僧問 如何是塵塵三昧 師云 鉢裏飯桶裏水

ꕥ 설두현 선사 송

발우 안의 밥과 통 속의 물이라 함이여
말 많은 선승도 입 대기 어려우리
북두와 남성의 자리가 다르지 않건만
흰 물결 하늘 닿게 평지에서 일으킨다
헤아리되 헤아림 없고, 그치되 그침 없음이여
낱낱이 속바지 없는 장자의 아들이라네

雪竇顯 頌
鉢裏飯桶裏水
多口阿師難下觜
北斗南星位不殊
白浪滔天平地起
擬不擬止不止
介介無裩長者子

ல 천동각 선사 송

발우 안의 밥이요 통 속의 물이란 말,
입을 벌려 쓸개를 보이면서 지음자 구함일세
헤아려 생각하면, 제2 제3의 기틀에 떨어지고
대면했다고 하면 홀연히 천만 리일세
소양 대사가 조금 드러냈음이여
쇠를 끊는 법도니
누가 그와 같을 것이며
돌이 아닌 마음이라
홀로 능히 이와 같네

天童覺 頌
鉢裏飯桶裏水　　開口見膽求知己
擬思便落二三機　　對面忽成千萬里
韶陽師較些子　　斷金之義兮
誰與相同　　匪石之心兮
獨能如此

ↂ 개선섬 선사가 이 칙을 들고 말하였다.

선덕들아, 물이 만일 티끌이라면 어떻게 마시며, 밥이 만일 티끌이라면 어떻게 먹으리오.

(또 말하기를)

한 티끌에서 삼매에 들고 모든 티끌에서 삼매를 일으킨다.

(주먹을 들어 세우고)

주먹을 티끌이라 하면 무엇을 삼매에 드는 도리라 하는가? 설사 여기에서 들어간다 해도 다시 산하대지가 있으니 상좌들의 뼈를 드러나게 하는 누를 끼침이니라.

開先暹 拈 諸禪德 水若是塵 作麽生飮 飯若是塵 作麽生喫 又道一塵 入正受 諸塵 三昧起 師乃竪起拳頭云 拳頭 是塵 且作麽生說介入正受底道理 直饒於此 入得 更有山河大地 累得上座骨出

☁ 천동각 선사가 상당하여 이 칙을 들고 말하였다.

티끌티끌마다 삼매이니 이것저것이 밖이 아니라 천 봉우리가 주봉을 향하고 백 개울이 바다로 달린다. 어떤 한 법도 여래 아닌 것이 없고 그대로가 당당한 관자재이니라.

天童覺 上堂擧此話云 塵塵三昧 彼彼不外 千峰 向嶽 百川 赴海 更無一法不如來 只介堂堂觀自在

ɷ 육왕심 선사가 이 칙을 들고 말하였다.

시장하면 먹고 목마르면 마신다. 순갈을 들고 젓가락을 잡는 이는 항하사 같으나 공력이 얼마인가를 헤아릴 뿐 저 온 곳을 헤아리는 이는 만에 하나도 없도다.

育王諶 拈 飢喰渴飲 把筯拈匙 如恒河沙 計功多少 量彼來處 萬中無一

 대원 문재현은 이 칙을 모두 듣고 나서 이르노라.

발우 안의 밥, 통 속의 물이다 함이여!
백천의 공안이 이 속에 갈무려졌고
억만의 삼매를 모두 다 갖췄으며
만상의 어머니로 모자람이 없다 하리라

만약 어떤 이가 "어떤 것이 티끌티끌마다 삼매인 것입니까?"라고 묻는다면 "어떤 것이 티끌티끌마다 삼매인 것인가?" 하리니 대답이라 하겠는가, 물음이라 하겠는가?

밝게 가려내고 밝게 설파한다면 법을 밝게 쓸 줄 아는 이라 하리라.

1008칙 남산에 구름 일고 북산에 비 내린다

 본 칙

운문 선사가 베풀어 말하였다.
"옛 부처와 노주가 서로 사귀니, 이는 몇째 기틀인가?"
스스로 대신 대답하였다.
"남산에 구름이 일고 북산에 비가 내린다."

(안본록에 기록이 있다.
운문 선사가 어떤 선승에게 물었다.
"옛 부처와 노주가 서로 사귀니, 이는 몇째 기틀인가?"
선승이 대답이 없자 운문 선사가 말하였다.
"그대가 물으면 내가 대답하리라."
선승이 물으니, 운문 선사가 말하였다.
"한 가닥의 끈에 돈 30문(文)을 꿰느니라."
선승이 다시 물었다.
"어떤 것이 한 가닥의 끈에 30문을 꿰는 것입니까?"
운문 선사가 말하였다.

“때려주리라.”
(대신 앞의 말로 이르기를)
“남산에 구름이 일고 북산에 비가 내린다.”)

雲門 垂語云 古佛與露柱相交 是第幾機 自代云 南山起雲 北山下雨(案本錄 雲門 問僧云 古佛與露柱相交 是第幾機 僧 無語 門云 你問我 與你道 僧 遂問 門云 一條絡三十文 僧云 如何是一條絡三十文 門云 打與 代前語云 南山起雲 北山下雨)

☁ 설두현 선사 송

남산의 구름과 북산의 비라 함이여
달마대사와 육조대사가 서로 마주보네[24)]
신라에서는 진즉 상당했는데
당나라에서는 북도 치지 않았네
괴로움 속의 즐거움이라 하고 즐거움 속의 괴로움이라 하지만
누가 황금을 똥과 같다 하겠는가

雪竇顯 頌
南山雲北山雨
四七二三面相覩
新羅國裏曾上堂
大唐國裏未打鼓
苦中樂樂中苦
誰道黃金如糞土

---

24) 원문의 사칠(四七)은 서천의 28대 조사 달마 대사를 말하고, 이삼(二三)은 육조 대사를 말한다.

ꕥ 천동각 선사 송

온통 신령스런 광채는
애초부터 뒤집히거나 가리움이 없나니
보는 반연을 초월하면
옳아도 옳다는 것 없고
망정의 헤아림을 벗어나면
당면해서 당면했다는 것도 없다
바위에 꽃 휘날리니
벌집에 단 꿀이 채워지고
들풀이 우거지니
사향노루 배꼽의 향기일세
삼 척[25]에서 일 장 육까지
부딪치는 곳마다 밝고 밝게 당당히 드러났네

天童覺 頌
一道神光
初不覆藏
超見緣也

25) 1척은 30cm, 1장은 3m이다.

是而非是

出情量也

當而無當

崑花之粉兮

蜂房成蜜

野草之滋兮

麝臍作香

隨類三尺一丈六

明明觸處露堂堂

◎ 법진일 선사 송

남산에 구름 일고 북산에 비 내린다 함이여
나부산에서 북을 치고 소주에서 춤을 춘다
돌호랑이 영각하며 하늘 높이 오르고
진흙소가 바다로 들어가니 찾을 곳 없네

法眞一 頌
南山起雲北山雨
羅浮打鼓韶州舞
石虎咆哮上九天
泥牛入海無尋處

ꩠ 장산근 선사 송

뭉게뭉게 남산에서 구름 일고
세차게 북산에서 비가 오네
노주는 껄껄거리며 웃고
등롱은 불조를 초월함을…
가운데는 솟아오르고 가장자리는 가라앉음이여
서천과 동토일세
문 열린 누각이 온종일 한가하니
시골 늙은이 어디로 갔는지 알 수 없구나

蔣山勤 頌
油然南山雲
霈然北山雨
露柱笑啞啞
燈籠超佛祖
中涌邊沒
西天東土
樓閣門開竟日閑
野老不知何處去

ꩰ 해회연 선사가 상당하여 이 칙을 들고 말하였다.

대단하다는 대운문 대사가 원래 담이 작았다. 사면은 말하기를 옛 부처와 노주가 서로 사귄다는 것은 넷째 기틀이라고 하노라.

(잠잠히 있다가)

이러한 이야기도 얼굴가죽이 세 치나 두꺼운 이의 말이다. 말을 벗어나려면 불손하게 되니, 임제의 방망이를 들고 매일 세 차례씩 때려야 하리라.

어떤 사람이 손을 대겠는가?

비록 허물이 하늘에 가득하나, 새해의 사면에는 모두 방면되느니라.

海會演 上堂擧此話云 大小大雲門大師 元來小膽 四面 道 古佛與露柱相交 是第四機 良久却云 者介說話 面皮厚三寸 出語成不遜 好將臨際棒 一日打三頓 什麽人 下得手 雖然罪過彌天 新赦咸放

 대원 문재현은 이 칙을 모두 듣고 나서 이르노라.

이러한 질문을 던지고 또 스스로 대답한 운문의 뜻을 알겠는가?

(말없이 보이고)

멍청한 개 흙덩이 쫓는 짓은 안 하는 것이 좋다.

해탈이와 습득이가 짖는다.[26)]

---

26) 해탈이와 습득이는 성불사 국제정맥선원의 농선당에서 기르는 개의 이름이다.

1009칙 날마다 좋은 날

본 칙

운문 대사가 베풀어 말하였다.

"십오일 이전은 그대들에게 묻지 않거니와 십오일 이후의 일을 한 마디 일러보라."

스스로 대신 말하였다.

"날마다 좋은 날이니라."

雲門大師 垂語云 十五日已前 不問汝 十五日已後 道將一句來 自代云 日日是好日

ꕤ 설두현 선사 송

하나를 버려서 일곱을 얻으니
상하와 사방에 맞설 이 없다
한가히 거닒이여, 물소리 흐름을 밟아 끊음이요
자유로이 바라봄이여, 나는 새의 흔적마저 벗어나 없앰이로다
풀은 우거지고 안개 자욱하다
수보리의 바위 곁에 꽃잎이 낭자한데[27)]
가련한 순야다[28)]에게 손가락을 튕기노라
꼼짝마라!
움직이면 서른 방망이를 때리리라

雪竇顯 頌
去却一拈得七
上下四維無等匹

27) 수보리가 암자에 앉아 있으니, 제석천이 꽃비를 내리며 감탄하여 말하였다. “저는 당신이 말하는 반야바라밀다에 경배합니다.” 이에 수보리가 “나는 반야에 대해 한마디도 말한 바가 없습니다.” 하니 제석천이 “저 역시 한마디도 들은 바 없습니다.” 하였다.

28) 순야다(舜若多) : 허공의 신. 몸에 각과 촉이 없어 불광(佛光)이 비추어야만 몸체가 나타난다.

徐行踏斷流水聲
縱觀寫出飛禽跡
草茸茸煙羃羃
空生嵓畔花狼藉
彈指堪悲舜若多
莫動着
動着三十棒

∽ 대홍은 선사 송

날마다 좋은 날이란 말
그 누가 맞설 이 없다 했던가
단 외는 꼭지까지 달다고 하지만
절대 꿀같이 단 것은 아니니라

大洪恩 頌
日日是好日
誰言無等匹
甛瓜徹蒂甛
未必甛如蜜

ᢀ 승천종 선사 송

해가 솟고 달이 져서
빙빙 돌아 삼백육십일이라
건곤 안에서 분주할 뿐이니
능히 몇이나 이 자리를 알꼬
이 자리를 안다면
소양의 콧구멍을 벌써 잡았다 하리

承天宗 頌
金烏出玉兎沒
循環三百六十日
乾坤之內走忙忙
能有幾介知窠窟
知窠窟
韶陽鼻孔曾拈得

○ 해인신 선사 송

날마다 좋은 날이라니
부는 바람에 나무가 고개를 끄덕이네
모든 강은 안개와 운무 속에 있고
달은 사씨네 누각 위에 떴네

海印信 頌
日日是好日
風來樹點頭
九江煙靄裏
月上謝家樓

ꕤ 삽계익 선사 송

얼음은 하북의 기슭에 녹고
꽃은 영남의 가지에 진다
가는 곳마다 봄빛이라
타향에서 일찍이 돌아옴일세

霅溪益 頌
冰消河北岸
花落嶺南枝
到處有春色
天涯須早歸

☁ 장산근 선사 송

둘을 파해 하나를 만들고
셋을 갈라 여섯을 이룸이여
꿰어져 있는 구슬과 같아 수를 셈에 모자람이 있으랴
손 가는 대로 남쪽 별과 북두를 잡음에
닿는 대로 활짝 열려 몸을 돌이킴이여
집 창문이 처마와 마주했네
해와 달, 등불을 굴리듯 하니
전함에 전함 없고, 얻음에 얻음 없음이여
언덕 위 봄 가지 푸르름은 무엇이 아는고?

蔣山勤 頌
破二作一　　分三成六
着串數珠數不足　南辰信手攀北斗
回身觸豁開　　戶牖正當軒
玉兎金烏如轉燭　傳不傳得不得
那知陌上春條綠

ꩰ 천장초 선사가 상당하여 이 칙을 들고 말하였다.

오늘이 무슨 날인가? 누군가 가려내겠는가? 가려내면 하늘과 땅의 이치를 통달할 뿐 아니라 음양을 분별하겠거니와 만일 가려내지 못한다면 내가 오늘 엉터리 점쟁이가 되지 않을 수 없다.

(말없이 보이고)

알겠는가? 갑자을축은 해중금(海中金)이요, 병인과 정묘는 노중화(爐中火)니라.[29]

天章楚 上堂擧此話云 且道 今日是什麽日 還有人揀得出麽 若揀得出 不唯通天通地 亦乃別陰別陽 若揀不出 天章 今日 不免作介杜巡官去也 師乃良久云 還會麽 甲子乙丑海中金 丙寅丁卯爐中火

29) 사주팔자 육십화갑의 첫 두 구절이다.

ↂ 천장초 선사가 다시 상당하여 이 칙을 들고 말하였다.

운문 선사가 베풀어 말한 것을 옛부터 어느 종사가 감히 똑바로 바라보았을까? 숭산 노장이 외고집이 아니나, 설사 운문이 그렇게 말하였더라도 역시 엉터리 점쟁이일 뿐이다. 왜 그런가 하면, 모두가 "날마다 좋은 날이라 하거니와 갑자기 금신(金神)과 칠살(七殺)을 부딪치면 저 늙은 강시(얼어죽은 송장)는 어느 곳에서 안심입명할 것인가? 누군가가 저 이를 구제할 수 있겠는가?

만일 없다면 그로 하여금 살려 해도 살 수 없고, 죽으려 해도 죽을 수 없음을 면케 하지 못하리라. 만일 작가를 만나거든 이렇게만 이야기하라.

又上堂擧此話云 雲門垂語 自古宗匠 誰敢正眼覷着 崇山老漢 不是擔板 直饒雲門 淴麼道 也祇是介杜巡官 何故如此 盡道日日是好日 忽然撞着介金神七殺 出來 爾這老凍濃 又向什麽處安身立命 還有人救得他麽 若無 不免教他求生 不得其生 求死 不得其死 若遇作家 但淴麽擧

ᗝ 해인신 선사가 보름날 상당하여 이 칙을 들고 말하였다.

날마다 해는 동쪽에서 뜨고, 날마다 해는 서쪽으로 진다. 빙글빙글 돌고 돌아 360번인데 매번 조금도 어김이 없다.

꽃이 우수수 눈 날리듯 하고 해오라기가 마른 갈대 가지를 밟아 꺾는다.

海印信 月半日 上堂擧此話云 日日日從東畔出 日日日從西畔沒 循環三百六十度 度度未嘗差忒 花霏霏雪霏霏 鷺鷥踏折枯蘆枝

ꩦ 천동각 선사가 이 칙을 들고 말하였다.

범띠가 본명(本命)[30]인 사람은 원숭이띠와 상충이 되느니라.

天童覺 拈 屬虎人 本命 屬猴人 相衝

30) 본명(本命) : 본궁이라고도 하니 태어난 해의 육갑 또는 타고난 운명.

ᢀ 옥천선 선사가 여름 결제날에 상당하여 이 칙을 들고 말하였다.

날마다 좋은 날이라 하는데 무엇하러 제2, 제3을 더하리오.

꿇어앉아 풀끝을 맺듯 해도[31] 작은 계교가 여러 가지일 뿐이요, 정좌입정한다 해도 닻줄을 잡고 배를 띄우려는 격이다.

마음을 가지고 마음을 찾는다니, 얼마나 스스로를 속이는가? 파도를 헤쳐 물을 찾을 줄만 알고, 노를 움직였다 하면 근원을 매하는 줄을 모르는구나.

만일 날마다가 좋은 날인 이치를 안다면 서천이 곧 이 땅이요, 이 땅이 곧 서천이며, 그리하여 해마다가 좋은 해요, 달마다가 좋은

---

31) 원문의 호궤(胡跪)는 소수민족이 꿇어앉는 자세이다. 결초(結草)는 풀을 맺는다는 뜻으로, 아주 작은 계교로 제일 중요한 사람을 잡는다는 뜻을 담고 있다. 춘추좌씨전(春秋左氏傳)에 나오는 일화에서 유래한 말이다. 진(晉)나라의 위무(魏武)라는 사람이 살았는데 그에게는 첩이 한 명 있었다. 어느 날 위무가 병으로 몸져눕게 되었는데, 제정신일 때 그는 아들 위과에게 말하였다. "내가 죽으면 이 첩을 개가를 시켜라." 그 뒤 병이 심하여 죽게 되었을 때 또 말하였다. "내가 죽으면 이 첩을 순장을 시켜라." 아버지가 죽자 아들 위과는 "아버지가 정신이 있을 때의 명을 좇으리라." 하면서 서모를 개가시켜 순장을 면하게 했다. 후에 진(晉)나라와 진(秦)나라 사이에 전쟁이 일어나서 위과가 전쟁에 나갔다. 진(秦)나라의 두회(杜回)와 싸우다가 위험한 지경에 이르렀을 때에 두회가 풀에 걸려 넘어져 위과가 두회를 사로잡아 뜻밖에도 큰 전공을 세울 수가 있었다. 그날 밤, 위과의 꿈 속에 한 노인이 나타나서 말하였다. "나는 그대가 출가시켜 준 여인의 아비요. 그대는 아버님이 옳은 정신일 때의 유언에 따라 내 딸을 출가시켜 주었소. 그때 이후로 나는 그대에게 보답할 길을 찾았는데 이제야 그 은혜를 갚은 것이오."

달이며, 날마다가 좋은 날이며, 때마다가 좋은 때이리라.

어째서 그런가? 문득 강서의 마조 대사가 한 입에 서강의 물을 다 마셨다 한 것이 생각나도다. 여러분은 요사에 돌아가거든 이야기하지 말라. 무슨 까닭인가?

누군가가 자씨[32]를 비웃을까 노파심이 너무나 간절해서이다.

玉泉仙 結夏 上堂擧此話云 日日是好日 何須更二三 胡跪結草 少計多端 安禪入定 把纜放船 將心覓心 何得自瞞 只知撥波求水 不覺擧棹迷源 若明日日是好日 西天 卽是此土 此土卽是西天 便乃年年 是好年 月月是好月 日日是好日 時時是好時 爲什麽如是 却憶江西馬大師 一口吸盡西江水 諸人 歸寮舍裏 不得擧着 何故 有人笑慈氏 可殺老婆心

32) 자(慈) 씨 : 미륵불.

ꕤ 정자본 선사가 상당하여 말하였다.

반으로 쪼개고 셋으로 찢는 것은 요새 사람들이 알고 있고, 하나를 버리고 일곱을 잡는 것은 대중이 다 들은 바라.

십오일 이전에는 그대가 스스로를 가려내고 십오일 이후에는 스스로가 그대를 가려낸다. 정당하게 십오일로 운문 대사가 일렀구나.

淨慈本 上堂云 析半裂三 時人 知有 放一拈七 衆所共聞 十五日已前 你辨我 十五日已後 我辨你 正當十五日 雲門大師道了也

 대원 문재현은 이 칙을 모두 듣고 나서 이르노라.

좋은 날이거늘 어느 날이 십오일 전이고 후인고?
악!

물은 흘러 내려가고
불은 솟아 올라간다
험!

1010칙 어떤 것이 자기인가

 본 칙

운문 대사가 베풀어 말하였다.
"약과 병이 서로 다스린다는데 온 누리가 모두 약이니, 어떤 것이 자기인가?"

雲門大師 垂語云 藥病相治 盡大地 是藥 那介是自己

○ 설두현 선사 송

온누리가 모두 약이라니
고금에 어찌 그다지 틀렸던가
문을 닫고 수레를 만들지 말아라[33]
스스로 텅 비어 가없는 길로 통했거늘
틀리고도 틀렸다
콧구멍이 먼 하늘을 모두 다 꿰뚫었다

雪竇顯 頌
盡大地是藥
古今何大錯
閉門不造車
通途自寥廓
錯錯
鼻孔遼天亦穿却

---

33) 춘추전국시대에 문을 닫고 수레를 만들 때 빨리 가게 하기 위해 바퀴를 크게 만들었는데 길이 넓지 않아 수레를 굴릴 수 없었던 일화에서 유래한 것이다. 즉 문을 닫고 수레를 만들면 길에 맞지 않는 수레가 되어 길을 갈 수 없다는 뜻이다.

ꩠ 법진일 선사 송

온누리가 약이거늘
어느 곳을 자기라 할 것인가
부끄럽구나! 소양 노인이
약과 금할 것을 모두 들었네

法眞一 頌
盡大地是藥
自己何處着
慚愧老韶陽
藥忌都拈却

ఐ 장산근 선사 송

크고 드높은 데서 두드려 모두를 죽이기도 살리기도 함이여
알아듣는 이 없고, 더듬어 찾을 길도 없네
수도 안의 의기요
문 밖의 계략이라
본질과는 삼천리나 멀리 거꾸러짐일세
온누리가 약이라 함에
틀리고도 틀렸다 했으나…
예리한 칠성검의 광채, 번쩍인다

蔣山勤 頌
大嶢敲全殺活
絶承當無摸𢱢
寰中意氣
閫外籌略
倒退三千里
盡大地是藥
錯錯
利劒七星光閃爍

∽ 황룡심 선사의 문답

황룡심 선사가 운문 선사의 말에 "온누리가 약이요, 약은 곧 자기다." 한 것을 들고 어떤 선승에게 물었다.

"이미 온 누리가 약이거늘 어째서 또 자기라 하였을꼬?"

선승이 말하였다.

"무엇을 약과 자기라 합니까?"

황룡심 선사가 말하였다.

"그렇지만 안산은 낮고 주산은 높은 것이야 어쩌랴?"

선승이 입을 열려고 망설이자, 황룡심 선사가 말하였다.

"네가 말이나 배우는 무리인 줄 알고 있었느니라."

黃龍心 擧雲門 有時 曰盡大地是藥 藥是自己 師却問僧 既是盡大地是藥 爲什麽却是自己 僧曰 喚什麽作自己與藥 師曰 爭奈案山低主山高 僧 擬議 師曰 將知是介學語之流

ↀ 한암승 선사가 상당하여 이 칙을 들고 말하였다.

대중들이여, 곧은 것을 꺾어서 휘게 하려 했고, 기교를 너무 부리다가 도리어 졸렬함에 빠지게 되었다. 운문 노장이 잘못 말한 적이 없으니, 옳기는 옳은 것 같으나 여러분은 말해보라. 어느 것이 약이며, 어느 것이 병인가?

악!

그대는 다만 발우자루를 잡아라.

(이 기록에서 운문 선사는 "온 누리가 병이라, 어느 것이 약인가? 온 누리가 약이라, 어느 것이 병인가?"라고 하였다.)

寒嵓升 上堂擧此話云 大衆 拗直作曲 弄巧成拙 雲門老漢 不曾錯說 是則如是 你諸人 且道 那介是藥 那介是病 喝一喝云 你但把取鉢盂柄 (此錄雲門云 盡大地是病 那介是藥 盡大地是藥 那介是病)

ⓒ 육왕심 선사가 상당하여 말하였다.

온 누리가 약이니 어느 것이 병이며, 온 누리가 병이니 어느 것이 약인가? 옛 사람의 이런 말이 겨우 약과 병으로 서로 다스릴 뿐이요, 약과 병을 모두 물리칠 줄은 몰랐다.

산승은 그대들에게 "온 누리가 병이라 하니 어떤 것이 병이며, 온 누리가 약이라 하니 어떤 것이 약인가?" 하노라. 알겠는가?

안다면 병이 없는데 의원을 구한 것이며, 알지 못한다면 고황의 병 때문에 죽으리니, 만일 영리한 선승이라면 기틀에 임하여 법을 취할 줄을 저절로 알리라.

育王諶 上堂云 盡大地是藥 那箇是病 盡大地是病 那箇是藥 古人恁麽說 只藥病相治 且不解藥病俱遣 山僧 向你道 盡大地是病 那箇是病 盡大地是藥 那箇是藥 還會麽 會則無病求醫 不會則死在膏肓 若是靈利衲僧 自解臨機取則

 대원 문재현은 이 칙을 모두 듣고 나서 이르노라.

어떤 이가 이 칙 이대로를 묻는다면 나는 "어떤 것이 자기인가?" 라고만 할 것이다.

대답이라 하겠는가, 물음이라 하겠는가?

일러보라.

사바하.

1011칙 어떤 것이 여러분의 광명인가

 본 칙

운문 대사가 베풀어 말하였다.

"사람마다 모두가 광명이 있으나 보았다 할 때엔 어두컴컴해서 보지 못한 것이다. 어떤 것이 여러분의 광명인가?"

스스로 대신 대답하였다.

"주방 창고와 삼문이니라."

또 말하였다.

"좋은 일도 없는 것만 못한 것을…."

雲門大師 垂語云 人人盡有光明在 看時 不見暗昏昏 作麽生是諸人光明 自代云 廚庫三門 又云 好事 不如無

ꕤ 설두현 선사 송

스스로 비추는 고고한 광명으로
그대를 위하여 한 줄기 비춤일세
꽃이 진 나무 그림자가 없으나
보았다 하면 누구라도 보지 못한 것이니
보아서는 봄이 없음이여,
소를 거꾸로 타고 불전으로 들어가게

雪竇顯 頌
自照列孤明
爲君通一線
花謝樹無影
看時誰不見
見不見
倒騎牛兮入佛殿

ꩠ 천복일 선사 송

검고 검다
동서남북 불문하고
주방 창고와 삼문이 마주 서서 우뚝함이여
하늘을 버티고 땅을 받쳐 먹과 같네
좋은 일도 없는 것만 못하다고 했으나
소양도 피할 수 없음을 장담하노라

薦福逸 頌
黑黑
無問東西與南北
廚庫三門相對高
撑天拄地同聚墨
雖然好事不如無
敢保韶陽 避不得

○ 장산근 선사 송

야명주렴, 발 밖엔 천 봉우리 우뚝하고
난경대 거울 앞에는 만상이 비었다
자취를 쓸어버리고 흔적조차 없어서
조그마한 무엇도 서지를 못한다
무엇을 불전이라 하고
무엇을 향기나는 부엌이라 하랴만
봉황의 오색 골수를 두드려 드러냄이여
여룡의 명월주도 부숴버린다

蔣山勤 頌
夜明簾外千峯秀
鸞鏡臺前萬像虛
掃蹤滅迹
不立錙銖
誰爲佛殿
誰是香廚
敲出鳳凰五色髓
擊碎驪龍明月珠

ᔕ 불안원 선사가 상당하여 말하였다.

요즈음의 학자가 부처님의 말씀은 궁구하지 않고 다만 조사의 말씀만 연구하지만 조사의 말씀이 곧 부처님의 말씀인 줄은 전혀 모른다. 그렇게들 간택하지 말라. 도리어 불법을 비방하게만 되리라.

운문 대사가 대중에게 보이고 "좋은 일도 없는 것만 못한 것을…." 했으니, 이는 조사의 말씀이다.

그가 "삼문과 불전과 주방 창고와 승당이다." 했으니, 여러분이 평상시에 볼 때엔 본 것인가, 보지 못한 것인가? 만일 보았다고 할 것 같으면 그가 "보았다 하면 어두컴컴하여 보지 못한 것이다." 했으니, 어떻게 광명이 되리오?

이미 광명이 되었다면 그는 또 "좋은 일도 없는 것만 못한 것을…." 했으니, 어떻게 버리려고 하지 않겠는가.

능엄 회상에서 "매함에 허공이 이루어지니, 허공의 어둠 가운데 어둠이 엉켜 색을 이루고, 색이 망상과 뒤섞여 생각의 상이 몸을 이루고, 연이 모여 안으로 요동하고 밖을 향해 달리고 달리니, 어둡고 어지러운 모습을 심성으로 삼았다. 한 번 매하여 마음으로 삼은 것을 결정코 색신이 아니라고 여겨 미혹하여, 색신 밖이라고 하는 산하, 허공, 대지에 걸친 모두가, 이 묘한 밝음인 정묘한 마음 가운데 만물이 나타난 바라는 것을 알지 못한다." 하시니 이런 이야기가 몹시도 자세하도다.

말해보라. 운문 선사가 이야기한 일과 거리가 얼마나 되는가? 조사의 말은 궁구하면서 부처님 말씀을 구명하지 않아서는 안 된다.

어떤 이는 말하기를 "나는 부처님의 말씀도 쓰지 않고, 조사의 말씀도 쓰지 않고, 단지 스스로의 말만을 쓴다." 하나, 조사의 말씀이나 부처의 말씀도 쓰지 않거늘 하물며 다시 스스로의 말을 쓰겠는가?

또 말하기를 "나의 종(宗)은 말이 없다. 언어를 쓰지 않는다." 하니, 말이 있다 해도 옳지 않거늘 하물며 말이 없다고 하겠는가?

꿈같은 소리를 말라. 아침부터 저녁까지 부처님의 말씀으로 한쪽을 삼고, 조사의 말씀으로 한쪽을 삼고, 말 없음으로 한쪽을 삼고, 말 있음으로 한쪽을 삼고, 망상으로 한쪽을 삼고, 망상 없음으로 한쪽을 삼으나, 만약 이와 같다 해도 가위 보았다 하면 어두컴컴하여 보지 못한 것이라고 하리라.

佛眼遠 上堂云 今時學者 不究佛語 只究祖師語 殊不知祖師語 卽是佛語 莫如此揀擇 却成謗佛法去 只如雲門大師示衆曰 至好事不如無 者介是祖師語 是他道三門佛殿 廚庫僧堂 諸人 尋常看時 是看 是不看 若看 他道看時不見暗昏昏 如何得成光明 旣是光明了 又道好事不如無 作麽生 又不要去 且如楞嚴會上 說介晦昧爲空 空晦暗中 結暗爲色 色雜妄想 想相 爲身 聚緣內搖 趣外奔逸 昏擾擾相 以爲心性 一迷爲心 決定惑爲色身之內 不知色身外 洎山河虛空大地 咸是妙明

眞精妙心中所現物 者介說話 甚是子細 且道 與雲門道底事 相去多少 莫只明祖師語 不究佛語 有人 曰 我亦不用佛語 不用祖師語 只用自語 祖師語佛語 尙不用 更用自語 又道我宗 無語 不用言語 有語 尙不是 況無語耶 莫作夢 從朝至夜 佛語 作一邊 祖師語 作一邊 無語 作一邊 有語 作一邊 妄想 作一邊 無妄想 作一邊 若恁麽 眞可謂看時不見暗昏昏也

 대원 문재현은 이 칙을 모두 듣고 나서 이르노라.

"어떤 것이 여러분의 광명인가?" 할 때 이 사람이라면

"노랑적삼 남치마에 물동이 인 여인네를 흰 개가 꼬리치며 달려와 맞이한다." 했을 것이다.

참!

1012칙 하나의 보배

 본 칙

운문 선사가 베풀어 말하였다.

"하늘과 땅, 온 우주에 하나의 보배가 있으니 형상의 산에 비밀히 있다. 등롱을 들고서 불전 안으로 들어가기도 하며, 삼문을 등롱 위로 가져오기도 하니, 어떤가?"

스스로 대신 말하였다.

"물건을 따라 뜻을 옮기랴."

雲門 垂語云 乾坤之內 宇宙之間 中有一寶 秘在形山 拈燈籠 向佛殿裏 將三門 來燈籠上 作麽生 自代云 逐物意移

ꔰ 설두현 선사 송

보는 것을 보라
옛 언덕에서 누가 낚시를 드리웠나
구름은 부드럽고 물은 멀리 아득하네
밝은 달, 갈대꽃에 그대 자신을 보라

雪竇顯 頌
看看
古岸何人把釣竿
雲冉冉水漫漫
明月蘆花君自看

○ 천동각 선사 송

거두고 폄, 마음에 남김 없이 무성히 일삼다가
돌아온 뒤엔 어디가 나의 살 곳이던가
도끼자루 썩힌 나무꾼[34] 길 없다고 의심터니
나무에 걸린 호공[35]의 묘한 집이 있네
밤바다, 금물결에 달 그림자 출렁이고
가을바람 쌓인 눈이 갈대꽃을 품고 있네
차디 찬 고기, 밑에 잠겨서 먹이를 물지 않자
흥을 다해 맑은 노래 부르면서 배를 돌리네

天童覺 頌
收卷餘懷厭事華　歸來何處是生涯
爛柯樵子疑無路　掛樹壺公妙有家
夜水金波浮桂影　秋風雪陣擁蘆花
寒魚着底不呑餌　興盡淸歌却轉槎

34) '신선놀음에 도끼자루 썩는 줄 모른다' 한 속담에 대한 고사가 있다. 중국 진(晋)나라 때 절강성 구주지방에 왕질이란 나무꾼이 살고 있었다. 하루는 나무를 하러 갔다가 바둑 두던 노인이 준 환약 하나를 먹고는 바둑 구경을 했는데, 바둑 한 판이 끝나자 옆의 도끼자루는 다 썩어 있고 산을 내려와 집으로 가보니 이미 많은 세월이 흘러 자신의 제사를 지내고 있었다고 한다.

35) 호공(壺公) : 약을 파는 선인. 항아리 하나를 메고다니다가 그 항아리를 나뭇가지에 걸고 그 속에서 잤다 한다.

ᢀ 숭녕근 선사 송

범과 표범의 얼룩이요 기린의 뿔이로다
하늘과 땅에 넉넉히 떨치고 산과 봉우리를 이루도다
소리를 타고 색에 실려 낯 앞에 닥쳐와 부숨이여
삼태기와 그물을 찢어버리고 끈끈이와 포승줄을 끊어냈네
일백 가지 풀끝에 전쟁을 멈춤이여
만 리, 가을하늘에 독수리 한 마리 나누나

崇寧勤 頌
虎豹文章麒麟頭角
揮天綽地堆山積嶽
拶破面門兮盖色騎聲
截斷籠羅兮解黏去縛
罷却干戈百草頭
萬里秋天飛一鶚

ထ 본연 거사 송

여섯 가지가 같지 않으나
한 가지로 모든 허물을 다스린다
마지막 구절이 있어서
발꿈치가 활받이 되기를 면했다 하나
비록 눈병 나지 않음을 이치로 논했어도
흰 구름은 이미 푸른 하늘을 흐른다 하리

本然居士 頌
六段不同
一狀領過
賴有末後句
不使脚根埰
縱然理論不成痕
白雲已把青天涴

 대원 문재현은 이 칙을 모두 듣고 나서 이르노라.

그 한 보배를 이르려 했더니 부연 끝 풍경소리가 일러버렸구나.
(주장자를 한 번 치다.)

1013칙 산 구경, 물 구경을 했느니라

 본 칙

운문 선사에게 어떤 선승이 물었다.
"어떤 것이 학인의 자기입니까?"
운문 선사가 대답하였다.
"산 구경, 물 구경을 했느니라."

雲門 因僧問 如何是學人自己 師云 遊山翫水

∽ 불일재 선사 송

산 구경과 물 구경의 뜻 알아들으면
동서남북이 항상한 길일세
짚신이 헤지고 맨발로 달리더니
홀연히 깜박하는 사이에 고향에 돌아왔네

佛日才 頌
遊山翫水子承當
南北東西道路長
踏破草鞋赤脚走
忽然瞥地早廻鄉

ထ 장산전 선사 송

남악의 봉우리와 경산의 뒤라
폭포의 소리가 우레소리와 같도다
삿갓을 벗어 들면 맨 머리로 다니고
짚신이 헤지면 맨발로 달린다

蔣山泉 頌
南岳峯前徑山後
瀑布聲如雷震吼
拈却笠子露頭行
踏破草鞋赤脚走

☁ 불감근 선사 송

올 때에도 따라서 오고
갈 때에도 따라서 간다
알아두라! 갈 때와 올 때에
같이 다니되 같이 걷지는 않는다
못가의 오리 우레소리 듣고
영(嶺) 위의 바람은 나무 끝에 분다
아홉 굽이 황하물이 깊은 바닥까지 투철하게
삼천년만에 한 차례 맑아지도다

佛鑑勤 頌
來時相伴來
去時相伴去
須知去與來
同行不同步
池邊鴨聽雷
嶺上風吹樹
九曲黃泉徹底深
三千年來淸一度

ꩰ 불감근 선사가 다시 송하였다.

빌린 길을 통과하기가 무엇이 어려우랴
분명히 마주함이라 속임이 없다
예사로운 일인 산 구경, 물 구경이여
운문이 한마디 분명한 말을 냄이니라

(오조 선사가 이 칙을 들어 말한 것에 이어 송한 것이다.)

又頌
借路經過有甚難
分明覿面不相謾
遊山翫水尋常事
出自雲門一語端
(連擧五祖拈)

ꩰ 무위자 선사 송

학인의 자신이여
산 구경, 물 구경이라네
짚신이 헤진 줄은 아나
얼마나 걸렸는지는 모른다네

無爲子 頌
學人自己
遊山翫水
祗知踏破草鞋
忘却來時年幾

⁓ 오조 선사가 이 칙을 들고 말하였다.

옛 사람이 다만 길을 빌려 행함일 뿐이거늘 또 어찌 산 구경을 했다 하리.

五祖 拈云 古人 只是借路經行 又何曾遊山來

ᨒ 진정문 선사가 상당하여 이 칙을 들고 말하였다.

말해보라. 운문 선사가 그 선승에게 대답한 것인가, 그 선승에게 대답하지 않은 것인가? 운문 선사를 비방하지 말아야 된다.

만일 그 선승에게 대답한 것이 아니라 한다면 어디가 대답하지 않은 곳인가? 대중들은 거의가 배워서 아는 견해를 이어받았으니, 말만을 받아들이는 이는 죽는다고 했거니와 설사 문자와 언어에 있지 않다고 하더라도 역시 있지도 않은 일 속에 있는 것이다.

이른바 말에 머무른 이는 미혹했다 할 것이며, 만일 운문 대사를 알아 곧 자기를 알았다 해도, 가위 한 법도 보지 않는 것이 곧 여래라, 비로소 관자재라 하지 않던가.

眞淨文 上堂擧此話云 且道 雲門 荅這僧 不荅這僧 莫謗雲門 好 若道不荅這僧 什麽處 是不答處 衆中 多是師承學解 承言者喪 縱不在文字語言上 又打在無事裏 所謂滯句者迷 若識得雲門大師 卽識得自己 可謂不見一法卽如來 方得名爲觀自在

ꕤ 육왕심 선사가 이 칙을 들고 말하였다.

걸음을 걸음에 팔이 흔들리고, 길이 있어 감에 모두 이것 아닌 것이 없다.
마음에 다툼이 없이 물이 흐르듯 하고, 구름이 멈추어 있듯 뜻도 함께 쉰다.
몇 사람이나 홀연히 눈을 떴는가?

育王諶 拈 因行掉臂 得路便行 莫不皆是 水流心不競 雲在意俱遲 能有幾介瞥地

 대원 문재현은 이 칙을 모두 듣고 나서 이르노라.

당시에 이 사람이라면 "무어라 했는가?" 했을 것이다.

1014칙 소리를 듣고 도를 깨닫고, 빛을 보고 마음을 밝히는 것

 본 칙

운문 선사가 대중에게 보이고 말하였다.

"소리를 듣고 도를 깨닫고, 빛을 보고 마음을 밝힌다 하는데, 어떤 것이 소리를 듣고 도를 깨치는 것이며, 빛을 보고 마음을 밝히는 것인가?"

손을 들고 말하였다.

"관세음보살이 돈을 가지고 와서 호떡을 샀도다."

다시 손을 내리고는 말하였다.

"원래 만두였구나."

雲門 示衆云 聞聲悟道 見色明心 作麽生是聞聲悟道 見色明心 擧手云 觀世音菩薩 將錢來 買餬餅 放下手云 元來却是饅頭

☁ 천동각 선사 송

문에 나서서 말을 타고 순식간에 쓸어버리니
만국의 연진(煙塵)이 저절로 고요하네
십이처사는 부질없는 그림자요
삼천세계는 맑은 광명 놓음일세

天童覺 頌
出門躍馬掃攙搶
萬國煙塵自肅淸
十二處士閑影像
三千界放淨光明

♧ 법진일 선사 송

빛을 보고 소리를 듣고 마음을 깨친다 함이여
소양이 제창할 때 아는 이 적었네
만두도 호떡도 사는 사람 없고
공연히 곁에서 보는 이로 하여금 더욱 큰 웃음만 짓게 했네

法眞一 頌
見色聞聲可悟心
韶陽拈起小知音
饅頭餬餅無人買
空使傍觀笑愈深

꩜ 삽계익 선사 송

사서 기뻐하며 빨리 돌아가나
손 내린 것도 등진 것임은 전혀 몰랐네
설사 비로자나의 정수리를 뛰어넘는다 해도
소양의 제2의 기틀에 떨어진 것이다

雪溪益 頌
買得欣欣急走歸
不知放手却成非
眞饒超過毗盧頂
也落韶陽第二機

꩜ 자수 선사 송

작은 집의 봄바람이 유난히 차니
가인이 적막하게 난간에 기대섰네
애끊는 곡조를 듣는 이 없으니
다시 비파를 들고 와서 달 아래서 튕긴다

慈受 頌
小院春風特地寒
佳人寂寞凭欄干
斷腸曲調無人聽
更把琵琶月下彈

○ 숭승공 선사 송

소리를 듣고 도를 깨닫고
빛을 보고 마음을 밝힘을
만두와 호떡이라 함에서
어찌 쉽게 찾으랴
병 나기 전에 쑥으로 뜨고 약으로 치료한 뒤에 침을 놓는다[36)]
누가 구멍 없는 방망이를 들며
누가 줄 없는 거문고를 탈꼬
나무 불타야 구고(救苦) 관세음이로다

崇勝珙 頌
聞聲悟道
見色明心
饅頭䭔餅
豈易追尋
病前着艾藥後加針
誰挈無孔槌
誰彈無絃琴
南無佛陁耶救苦觀世音

36) 한방의 치료법.

ꩰ 원오근 선사 송

마음이 먼저 나타났기에 빛을 보고
도가 이미 드러났기에 소리 듣네
번쩍이는 번갯빛 속에서 흑백을 판별하고
바다의 조수 소리 속에서 음률을 가려냄이여
소양 노인이 자비의 문에서 널리 기틀을 발하게 하려고
바로 천 균(鈞)의 쇠뇌를 당기셨네

圓悟勤 頌
見色心先現
聞聲道已彰
掣電光中分皂白
海潮音裏別宮商
韶陽老慈門普發機
直用千鈞弩

○ 운문고 선사 송

빛을 보고 마음을 밝힌다 하면 일은 이미 어긋났고
소리를 듣고 도를 깨친다 하면 더욱 뒤죽박죽인데
관음의 묘한 지혜, 자비의 힘이여
가시덤불 속에서 우담발화 피웠네

雲門杲 頌
見色明心事已差
聞聲悟道更交加
觀音妙智慈悲力
荊棘林生優鉢花

☁ 죽암규 선사 송

나무관세음보살이여
보타산[37] 바위의 썩지 않는 혀[38]로세
성불할 때 언제인가
칼을 만들 때는 병주의 쇠라야 하네

竹庵珪 頌
南無觀世音菩薩
補陁嵓上紅蓮舌
不知成佛是何時
打刀須用幷州鐵

37) 보타산 : 관세음보살의 도량인 보타낙카산을 말한다.
38) 원문에 홍연설(紅蓮舌)이라고 되어 있는데 생전에 법화경을 많이 외우면 죽어서도 혀가 썩지 않는다는 데에서 나온 말이다. 흰 이빨에서 사리가 나오고 홍연설에서 빛을 발한다는 말이 있다.

ᔕ 열재 거사 송

벼랑 끝에서 몸을 날려 내리고
맹렬한 불더미 높이 솟구친 가운데 무릎을 접고 앉아 있네
만약 안락처라 할 것도 없음에 분명하면
한더위도 엄동으로 만들리

悅齋居士 頌
懸崖斷處騰身下
烈火堆中疊膝盤
的的若無安樂處
敢將盛暑作嚴寒

☙ 천복일 선사가 상당하여 이 칙을 들고 말하였다.

운문 대사가 십자 네거리와 만 사람이 모인 가운데서 재를 묻히고 흙을 바를 줄 알았도다. 신출귀몰하게 여러 몸으로 변화해 나타냈으나 놓치면 안 되니, 만일 놓치지 않았다면 그런 들여우 요정을 한 번 할로 없애지 못했으랴.

薦福逸 上堂擧此話云 雲門大師 解向十字街頭萬人叢裏 塗之以灰抹之以土 神出鬼沒 變現多身 放過卽不可 若不放過 者野狐精 不消一喝

ᢁ 백운연 선사가 상당하여 말하였다.

마음이 만 가지 경계를 따라 구르나 구르는 곳마다 참으로 심원하다. 운문 선사가 "소리를 듣고 도를 깨닫고 (중략) 원래 만두였구나." 하였으니, 그렇다면 남의 발꿈치나 따라 구르는 짓이다.

오조에게는 흐름을 따라 성품을 바로 알아 기쁘고 즐거워 영원히 근심 없는 인연이 있으니, 대중에게 이야기할 것이나 홀연히 이에 깨달았다고 하면 변함 없는 것이 못 되느니라.

(잠잠히 있다가 시자를 부르니, 시자가 대답을 하자)

내가 당했구나.

白雲演 上堂云 心隨萬境轉 轉處 實能幽 雲門 道 至却是饅頭 如此則隨他脚跟轉也 五祖 有介隨流認得性 快樂永無憂底因緣 擧似大衆忽然於此 省去 也不定 良久 喚侍者 侍者應喏 師云 我害癡

ꩰ 백운연 선사가 다시 상당하여 이 칙을 들고 말하였다.

운문 선사가 좋기는 매우 좋고, 뛰어나기는 매우 뛰어나나 겨우 노파선(老婆禪)만을 이야기했다. 만일 백운이라면 그렇게 하지 않으리니, 어떤 것이 소리를 듣고 도를 깨치는 것이며, 빛을 보고 마음을 밝히는 것인가?

(장고를 치는 시늉을 하면서)

붕팔라찰[39]이여, 익숙한 곳이어서 잊기 어렵다.

又上堂擧此話云 雲門 好則甚好 奇則甚奇 要且只說得老婆禪 若是白雲 卽不然 作麼生是聞聲悟道 見色明心 遂作打杖鼓勢云 堋八囉札也是熟處難忘

39) 붕팔라찰(堋八囉札) : 북소리를 나타내는 의성어.

☁ 보봉준 선사가 대중에게 보이고 말하였다.

큰 도는 종횡무진해서 닿는 대로 이루어져 있는 것이다. 구름이 열리면 해가 솟고, 물은 푸르며, 산은 초록빛일세.

(주장자를 번쩍 집어들어 한 번 내리치고)

운문 대사가 왔도다. "관음보살이 돈을 가지고 와서 호떡을 샀도다." 하여 "원래 만두였구나." 하는 데 이르렀으니 대중아, 운문은 다만 송곳 끝이 날카로운 것만 보였고, 끌 대가리가 모난 것은 보이지 못했다. 보봉은 그렇게 하지 않으리라.

(주장자를 던지고)

저 도중에서 공왕(空王)을 섬기고 있거든 지팡이를 짚고 고향에 돌아왔다고도 말라. 어제 어떤 이가 회남에서 와서 복건의 길에서 소식을 얻지 못하니, "가주의 큰 불상이 섬부의 무쇠소를 삼킨다." 라고 이르리라.

악!

이게 무슨 이야기인가? 운거의 토지신이 우스워 쓰러진다.

寶峯準 示衆云 大道縱橫 觸事見成 雲開日出 水綠山靑 驀拈柱杖卓一下云 雲門大師來也 說道觀音菩薩至饅頭 大衆 雲門 只見錐頭利不見錯頭方 寶峯 卽不然 乃擲下柱杖云 勿於中路 事空王 策杖還須

達本鄕 昨日 有人 從淮南來 不得福建路信 却道嘉州大像 呑却陜府鐵牛 喝云 是什麽說話 笑倒雲居土地

☁ 송원 선사가 상당하여 이 칙을 들고 이어 오조 선사[40]가 상당하여 "어떤 것이 소리를 듣고 도를 깨치는 것이며, (중략) 익숙한 곳이어서 잊기 어렵다." 한 것까지 들고 말하였다.

야부도 한 가닥 살아날 길이 있으니, 여러분과 함께 행하리라.
(주장자를 집어들고)
여러분의 콧구멍을 뚫고 들어가니, 등롱과 노주에 눈동자가 당장 튀어나왔도다.
(주장자를 내리치다.)

松源 上堂擧此話 連擧五祖師翁 上堂云 聞聲悟道 至熟處難忘 師云 冶父 有一條活路 要與諸人 共行 拈柱杖云 穿入諸人鼻孔裏 燈籠露柱 直得眼睛突出 卓柱杖

40) 307페이지를 보면 백운연 선사가 스스로를 오조라 칭하고 있는데, 308페이지의 백운연 선사의 법문을 송원 선사가 들고 있으므로 오조 선사의 상당법문이라 하고 있는 것이다.

ᔕ 송원 선사가 다시 상당하여 이 칙을 들고 말하였다.

얼굴 붉은 것이 바르게 말하는 것만 못하랴.

又上堂擧此話云 面赤 不如語直

 대원 문재현은 이 칙을 모두 듣고 나서 이르노라.

운문 선사의 자문자답이 그럴듯하기는 하나 제2의 달놀이에 불과한 것일 뿐이다.

험! 험!

1015칙 온몸이 가을바람에 드러났느니라

 본 칙

운문 선사에게 어떤 선승이 물었다.
"나무가 마르고 잎이 질 때가 어떠합니까?"
운문 선사가 말하였다.
"온몸이 가을바람에 드러났느니라."

雲門 因僧問 樹凋葉落時如何 師云 體露金風

◌ 설두현 선사 송

물음에 이미 종지가 있고
대답한 것 역시 같다
삼구[41]를 가려냄이여
한 화살이 허공을 꿰뚫었다
넓은 들에 휘이 바람이 불고
먼 하늘은 성글게 떨어지는 비에 어둑하다
그대 보지 못했는가?
소림에 오래 앉아 돌아오지 않던 객이
웅이산의 숲에 조용히 의지했다

雪竇顯 頌
問旣有宗　　答亦攸同
三句可辨　　一鏃遼空
大野兮凉颷颯颯　　長天兮疎雨濛濛
君不見　　少林久坐未歸客
靜依熊耳一叢叢

---

41) 삼구(三句) : 운문삼구(雲門三句). 수행승을 이끄는 화두. 제1구 함개건곤(函蓋乾坤), 제2구 재단중류(截斷衆流), 제3구 수파축랑(隨波逐浪)을 말한다.

☁ 법진일 선사 송

껍질은 다 떨어져 없어지고
오직 참다운 실체만 남았도다
온몸이 가을바람에 드러났다고 함이여
초연히 삼구 밖일세

法眞一 頌
皮膚脫落盡
唯有眞實在
全體露金風
迢然三句外

ꗃ 삽계익 선사 송

온몸이 당당히 드러나고 잎은 이미 말랐거늘
한 차례 성근 비 지나니, 더욱 적적하다
내년에 또다시 새 가지가 뻗어서
봄바람에 어지럽게 그칠 줄 모르리

雪溪益 頌
體露堂堂葉已凋
一番踈雨轉蕭蕭
來年更有新條在
惱亂春風卒未休

∽ 불감근 선사 송

나무 마르고 잎이 지는 것이 무슨 시절인가?
온몸이 가을바람에 드러나는 9월일세
눈에 가득찬 진여를 알지 못하누나
냇물 속에 가득한 풍월이여, 참으로 텅 비어 고요하네

佛鑑勤 頌
樹凋葉落何時節
體露金風九月天
滿目眞如人不會
一川風月正蕭然

ᨀ 육왕심 선사 송

무쇠나무 꽃피우는 일에 등한함이 없었으니
가을바람 불어오자 인간세상에 두루 떨어졌네
한 조각을 누가 얻었는지 알 수 없구나
절름발이 운문의 담(膽)이 산과 같네

育王諶 頌
鐵樹花開不等閑
金風吹落遍人間
不知一片是誰得
跛脚雲門膽似山

◌ 심문분 선사 송

잎 지고 나무 말라서 바람에 온몸이 드러났다 했으니
납승은 어디서 소양을 보려는가?
큰 정자의 달빛에 천 리의 사람이요
밤중에서 아침까지 다듬이소리 들리는데 기러기떼 두 줄로 가네

心聞賁 頌
葉落樹凋風露體
衲僧何處見韶陽
長亭月色人千里
後夜砧聲雁兩行

ꕥ 심문분 선사가 다시 송하였다.

나무 마르고 잎 져서 가을바람에 드러났다 함이여
고심하지 않은 사람은 알지 못하리
운문의 문빗장을 밟고 섰으니
눈앞에 어찌 사리(승려)가 있을소냐

又頌
樹凋葉落金風露
不是苦心人不知
踏着雲門關捩子
目前安得有闍梨

ᔕ 지비자 선사 송

백제[42]의 영이 엄하여
잎은 누르고 나무는 희어진다
서릿발 띤 바람의 힘에
차츰 엉겨 얼어붙으리
하늘 높이 칠성검의
칼날이 온전히 드러남에
아래로 채주를 내려다보니
낮은 지형이 무수하다

知非子 頌
白帝令嚴　葉黃林素
霜威風力　迤邐凝沍
倚天七星　鋒鍔全露
下視蔡州　下地無數

42) 백제(白帝) : 가을의 신.

ꩰ 천동각 선사가 상당하여 이 칙을 들고 말하였다.

설봉의 아들이며, 덕산의 손자로다. 칡넝쿨이나 끌고 다니게 해서는 근원을 궁구케 하기 어려우니 뭇 흐름을 끊어 바닥까지 근원을 보게 한다.

함과 뚜껑이 상응하듯 하늘과 땅에 일체되어, 길고 짧음에 길고 짧음이 없으며, 면면밀밀하여 통째로 삼켜, 파도를 따르고 물결을 좇아 그렇게 가서, 배에 오르자 곧장 집문 앞에 이르게 했다.

天童覺 上堂擧此話云 雪峯之子德山之孫 葛藤牽轉難窮根 截斷衆流見源底 相應函盖同乾坤 長長短短無節奏 綿綿密密忒鶻侖 隨波逐浪恁麽去 上船便到家前門

ↀ 영원청 선사가 상당하여 이 칙을 들고 말하였다.

표하여 나타낼 바를 물으면 뜻으로 대답하고, 종지를 물으면 사무침으로 대답한다. 나무가 마르고 잎이 지니, 온몸이 가을바람에 드러났다고 함이여.

지금 운문 노인을 알고자 하는가?

늦은 가을, 서리 맞은 숲이 온통 붉다.

靈源淸 上堂擧此話云 問標荅旨 荅徹問宗 樹凋葉落 體露金風 如今要識雲門老 秋後霜林盡變紅

ᔊ 황룡신 선사가 상당하여 이 칙을 들고 말하였다.

대단하다는 운문이 경계에 몹시도 얽매였도다. 운암은 그렇게 하지 않으리라.
"나무가 마르고 잎이 질 때가 어떠합니까?" 하면 "산호의 가지가지마다 달빛이 비추느니라." 하리라.

黃龍新 上堂擧此話云 大小雲門 境上縛殺 雲嵓 卽不然 樹凋葉落時如何 珊瑚枝枝撑着月

ↀ 장령탁 선사가 상당하여 이 칙을 들고 말하였다.

선덕들아, 알겠는가?

걸음으로 인하여 팔을 흔드는 것은 무방하니 남에게 구하는 것이 자신에게서 구하는 것만 못하느니라.

낯 앞에 산이 있다면 곳곳에서 바람 없는데 물결을 일으킴이다. 외마디 큰 기러기소리 홀연히 들려올 때 굴 속의 근심 있는 사람을 다하였네.

長靈卓 上堂擧此話云 諸禪德 還會麽 乃云 因行不妨掉臂 求他不如求己 面前山子若存 處處無風浪起 一聲鴻雁忽聞時 盡在愁人窠窟裏

ര 장산근 선사가 이 칙을 들고 말하였다.

운문의 사람을 이롭게 하는 공교한 방편은 가위 사변에 맞고 이변에도 맞아, 숨기기도 하고 드러내기도 하며, 삼구(三句)를 가히 가려내고, 한 화살이 허공을 꿰뚫듯 했다 하리라. 그러나 아직도 가죽이 붙어 있고 뼈가 남아 있다.

만일 누군가가 장산에게 "나무가 마르고 잎이 질 때가 어떤가?" 라고 묻는다면 다만 그에게 "하늘을 버티고 땅을 떠받친다."라고만 대답하리라.

말해보라. 이는 삼구인가, 한 화살인가?

옥을 시험하자면 반드시 불을 거쳐야 되고, 구슬을 찾자면 진흙을 여의지 못하느니라.

蔣山勤 拈 雲門 善巧方便 可謂卽事卽理 卽隱卽現 三句可辨 一鏃遼空 雖然 猶是黏皮着骨 若有問蔣山 樹凋葉落時如何 只對他道 撐天拄地 且道 是三句 是一鏃 試玉須經火 求珠不離泥

☁ 장산근 선사가 다시 상당하여 이 칙을 들고 말하였다.

운문은 눈이 별똥 같고, 활용은 번뜩이는 번개와 같으니, 들어 보이는 것이 뛰어나고 특출하다 해도 무방하다.

지금 어떤 사람이 산승에게 "나무가 마르고 잎이 질 때가 어떤가?" 묻는다면 다만 그에게 "천 산에 구름과 안개가 걷힘에, 한 눈에 앞마을이 전부 보이도다."라고만 대답하리라.

又上堂擧此話云 雲門 眼似流星 機如掣電 拈得將來 不妨奇特 如今忽有人 問山僧 樹凋葉落時如何 只向伊道 千山 雲霧卷 一望見前村

ꕤ 불감근 선사가 상당하여 말하였다.

무릇 문답은 반드시 법도와 때에 맞아야 된다. 보지 못했는가? 어떤 선승이 운문 선사에게 "나무가 마르고 잎이 질 때가 어떠합니까?"라고 물어서 "온몸이 가을바람에 드러났느니라." 하는 데에 이르렀다. 또 삼전어[43]가 있으니 첫째는 함개건곤구, 즉 함과 뚜껑같이 하늘과 땅에 일치함이요, 둘째는 재단중류구, 즉 뭇 흐름을 끊음이요, 셋째는 수파축랑구, 즉 파도를 물결을 따르는 것이다 하였는데 운문 선사의 이 말은 삼전어를 갖추었다.

말해보라. 어디가 갖춘 곳인가? 알고자 하는가?

어떤 것이 하늘과 땅에 함과 뚜껑 같은 구절인가?

온몸이 가을바람에 드러났느니라.

어떤 것이 뭇 흐름을 끊는 구절인가?

온몸이 가을바람에 드러났느니라.

어떤 것이 파도를 따르고 물결을 따르는 구절인가?

온몸이 가을바람에 드러났느니라.

선덕들아, 승려와 속인을 가려낼 수 있겠는가? 만일 가려낸다면 그대들은 참선 공부를 끝마쳤다고 하겠지만 만일 그렇지 못하다면 장산에게도 삼전어가 있으니, 첫째는 유무의 구절이요, 둘째는 유도 무도 없는 구절이요, 셋째는 유이기도 무이기도 한 구절이니라.

43) 삼전어(三轉語) : 미혹함을 바꾸어 깨달음을 열게 하는 말.

이 삼전어도 역시 함과 뚜껑 같이 하늘과 땅에 일치하느니라.

만일 알아낸다면 그대가 뭇 흐름을 끊었다고 허락할 것이요, 만일 그렇지 못하다면 다만 파도를 좇고 물결을 따르는 것일 뿐이니라.

佛鑑勤 上堂云 大凡一問一荅 須是應時應節 始得 不見 僧 問雲門 樹凋至金風 又有三轉語 第一 函盖乾坤 第二 截斷衆流 第三 隨波逐浪 雲門此語 却備三轉語 且道 那裏是備具處 要知麽 如何是函盖乾坤句 體露金風 如何是截斷衆流句 體露金風 如何是隨波逐浪句 體露金風 諸禪德 還辨得緇素麽 若也辨得 許你叅學事畢 其或未然 蔣山亦有三轉語 第一 有句無句 第二 不有不無句 第三 亦有亦無句 此三轉語 亦能函盖乾坤 若也會得 許你截斷衆流 其或未然 也且隨波逐浪

ꩠ 불감근 선사가 다시 상당하여 말하였다.

가을바람이 철에 응하듯이 하고 구슬같은 이슬이 때를 맞듯 하라.

오동나무가 시드니 한 잎의 가을이요, 계수나무가 차가우니 둥근 달이 가득하다. 조사의 마음이 눈에 가득히 새로웠고, 옛 부처의 가풍이 때에 따라 현전하도다. 그러므로 어떤 선승이 운문에게 물어 "가을바람에 드러났다." 하기에 이르렀는데, 기이하도다.

선덕들아, 가을바람에 온몸이 드러났다고 한 도리는 바늘끝 하나도 막힘이 없어 물로 물을 씻은 것 같고, 허공을 '허공'에 넣은 것 같거늘 늙은 쥐를 쫓다가 기름독을 깨트릴 것인가.

천하를 주유함이 비록 낙이 된다 하나, 어찌 집에 돌아가 주인공을 보는 것만 하리오. 방에 돌아가서 참구하라.

又上堂云 金風 應候 玉露迎時 桐凋一葉之秋 桂冷滿輪之魄 祖師心印 滿目新鮮 古佛家風 隨時顯現 所以 僧 問雲門 至金風 奇怪 諸禪德 體露金風 不隔鍼鋒 如水洗水 似空納空 趁得老鼠 打破油筒 周流諸國 雖爲樂 爭似歸家見主翁 叅堂去

☁ 육왕심 선사가 이 칙을 들고 말하였다.

운문이 남의 반 근을 얻고서 여덟 량을 갚았으나 저울눈을 잘못 안 허물은 면치 못했다. 육왕은 오늘 또 어떠한가?
성긴 오동잎 사이 가을달이 밝고, 석련(石蓮)의 꽃이 지니 물이 향기롭고 맑도다.

育王諶 拈 雲門 得人半斤 還他八兩 未免錯認定盤星 育王 今日 又且如何 桐樹葉踈秋月白 石蓮花落水香淸

☁ 목암충 선사가 상당하여 이 칙을 들고 말하였다.

대중아, 총림에서는 좋은 공안을 성대히 전하고 제창하는 이도 지극히 많고, 이해하는 이도 하나 둘이 아니어서 혹은 "물건을 가리켜 마음을 밝혔다." 하고, 혹은 "사변을 따라서 이치를 나타내었다." 하며, 혹은 "온몸을 취하여 가리켜내었다." 하나, 이렇게 아는 것은 마치 신발 위로 가려운 곳을 긁는 것 같아 출중하게 분명히 하지 못한 것이다. 시험 삼아 목암의 게송 하나를 들어보라.

나무가 마르고 잎이 져서 바람과 비에 어지러이 날린다
온몸 가을바람에 드러나서 뼈까지 맑게 사무쳐서
백 마디의 뼈가 모두 무너져 흩어짐에 깨달으면
한 물건 길이길이 신령하리라

牧庵忠 上堂擧此話云 大衆 好箇公案 叢林 盛傳 提唱者極多 解會者不一 或云 指物明心 或云 卽事現理 或云 就體點出 如斯解會 大似隔靴拏痒 未能倜儻分明 試聽牧庵一頌 樹凋葉落亂飄零 體露金風徹骨淸 悟取百骸俱潰散 須知一物 鎭長靈

☙ 죽암규 선사가 상당하여 이 칙을 들고 말하였다.

소양 노인이 온통인 눈이라는 것마저 잃어버렸다. 누군가가 "나무가 마르고 잎이 질 때가 어떤가?"라고 묻자마자 곧 "온몸이 가을바람에 드러났느니라."라고 대답하였다.

비록 온통인 눈마저 잃었다고 하지만, 3일 동안 두 귀가 먹은 것보다도 훨씬 낫느니라.

(주장자를 번쩍 집어들어 한 번 내리치고)

바쁜 속에 등 뒤의 금활촉을 뽑고, 시끄러운 속에서 몸을 뒤집어 각궁을 당긴다. 목전의 만 사람이 모두가 가리키는 곳으로 고개를 돌리니, 외기러기가 싸늘한 허공에서 떨어진다.

(불자를 던지고)

와!

竹庵珪 上堂擧此話云 韶陽老人 失却一隻眼 才問樹凋葉落 便言體露金風 雖然失却一隻眼 大勝三日雙耳聾 驀拈柱杖卓一下云 忙中背手抽金鏃 鬧裏飜身控角弓 覿面萬人齊指處 廻頭一雁 落寒空 遂擲下拂子云 嗄

ꩲ 자항박 선사가 상당하여 이 칙을 들고 말하였다.

운문 선사가 가난을 물리치고 부자가 된다 해도 무슨 풍류라고 할 것인들 있으랴.

설두 선사가 "삼구를 가려냄이여, 한 화살이 허공을 꿰뚫었다." 하니, 역시 뱀을 그린 데에 발을 붙이는 격이다. 오늘 어떤 사람이 산승에게 "나무가 마르고 잎이 질 때가 어떠합니까?"라고 묻는다면 다만 그에게 "하늘은 흰구름과 함께 먼 동이 트고, 물은 밝은 달빛에 섞여 흐르는 가을이다." 하리라.

慈航朴 上堂擧此話云 雲門 拔貧作富 有甚風流 雪竇道 三句可辨 一鏃遼空 也是爲蛇畵足 今日 或有人 問山僧 樹凋葉落時如何 只向道 天共白雲曉 水和明月秋

☁ 송원 선사가 상당하여 이 칙을 들고 말하였다.

(주장자를 집어들고)

운문 선사는 가위 도적의 말을 타고 도적을 쫓으며, 도적의 칼로 도적을 죽인다 할 만하거니와, 단지 여러분이 이와 같이 알지 못할 뿐이니라. 무슨 까닭인가?

목숨이 실 끝 같다.

松源 上堂擧此話 拈柱杖云 雲門 可謂騎賊馬趕賊 奪賊刀殺賊 只是諸人 不得與麽會 何也 命若懸絲

ᗝ 개암붕 선사가 이 칙을 들고 이어 묘희 선사가 "사변에도 맞고 이변에도 맞다." 한 것을 들고 말하였다.

한 번 굴림에 합당한 말이라 해도 당나귀를 매는 만 겁의 말뚝이다. 자세히 점검해 보건대 틀림없이 두 노인의 목숨뿌리가 아직 끊어지지 않았다. 만일 나라면 그렇게 하지 않으리니 갑자기 누군가가 "나무가 마르고 잎이 질 때가 어떠합니까?"라고 묻는다면, 다만 그에게 "짚신을 벗어버리고 맨발로 달린다. 사변에도 맞지 않고 이변에도 맞지 않다."라고만 대답하리니, 이것을 알면 그대가 참선하는 안목을 갖추었다고 허락하겠지만 만일 그렇지 않다면 다시 게송 하나를 들어라.

짚신을 벗고 맨발로 달린다 함이여
결단코 요새 사람들에 뒤지지는 않으리
넌지시 만 겹의 관문을 뚫고 나서면
세계마다 티끌마다 사자후라네

介庵朋 擧此話 連擧妙喜云 事上也合 理上也合 師云 一轉合頭語 萬劫繫驢橛 子細檢點將來 管取二老漢命根未斷在 若是天寧 卽不然 忽有人 問 樹凋葉落時如何 只向他道 脫却草鞋赤脚走 事上也不合

理上也不合 於斯 會得 許你具叅學眼 其或未然 更聽一頌

脫却草鞋赤脚走
決定不落時人後
等閑透出萬重關
刹刹塵塵師子吼

 대원 문재현은 이 칙을 모두 듣고 나서 이르노라.

"나무가 마르고 잎이 질 때가 어떠합니까?" 할 때 주장자를 높이 들었다가 한 번 내리치고 "악!" 했어야 했다.

1016칙 법신이라는 것마저 초월한 구절

 본 칙

운문 선사에게 어떤 선승이 물었다.
"어떤 것이 법신이라는 것마저 초월한 구절입니까?"
운문 선사가 대답하였다.
"북두 속의 몸이니라."

雲門 因僧問 如何是透法身句 師云 北斗裏藏身

ᘓ 설두현 선사 송

늙은 운문이 무쇠배를 띄우니
강남과 강북에서 앞다퉈 구경한다
가엾다! 무수한 낚시 드리운 이여
선례를 좇다가 망망히 낚싯대를 잃누나

雪竇顯 頌
潦倒雲門泛鐵船
江南江北競頭看
可憐無限垂鉤者
隨例茫茫失釣竿

ꕥ 설두현 선사가 다시 송하였다.

한 잎이 허공에 날리면 곧 가을을 보나니
시끄러운 소리에서 법신이라는 것마저 초월한다네
내년에 또 다시 새 가지가 돋아서
봄바람에 어지럽기 끝이 없으리

又頌
一葉飄空便見秋
法身須透鬧啾啾
明年更有新條在
惱亂春風卒未休

ꩰ 광교지 선사 송

북두 속의 몸이니라 함이여
막아내는 자가 드물구나
기틀에 일체했다 해도 아직 밝다 할 것이 아닌데
현묘한 길이야 더욱 알 수 없네
원숭이는 푸른 봉 밖에서 울고
범의 휘파람은 산과 개울을 꿰뚫는다
새벽 종 아직 새벽을 알리지 않았는데
닭이 오경에 운다

廣敎志 頌
北斗藏身句　當鋒措者稀
投機猶未諦　玄路大無知
猿啼青嶂外　虎嘯透山溪
晨鍾未報曉　雞向五更啼

ⵔ 투자청 선사 송

남악의 봉우리는 높고, 북악은 낮다
행인이 눈물 흘리며 양쪽을 결정짓지 못하네
화성이 지난 밤에 우두로 옮기면서
서구타니[44]를 비추었으나 아는 사람 없더라

投子青 頌
南岳峯高北岳低
行人泣淚兩遲疑
火星昨夜移牛斗
照見西瞿人不知

44) 원문의 서구(西瞿)는 수미산 서쪽에 있다는 서구타니(西瞿陀尼)를 말한다.

ꩠ 승천종 선사 송

북두 속의 몸이니라 함, 조사의 땅에 떨쳐졌지만
납자들이여 높은 격조란 말도 하지 말라
운문의 문빗장을 아는 이 적음이여
나무말이 바람에 우짖고 천지가 어둡다

承天宗 頌
北斗藏身振祖域
衲僧休說爲高格
雲門關棙小人知
木馬嘶風天地黑

☁ 천의회 선사 송

용문을 뚫어 쪼개고 푸른 나루터를 뛰어 넘음이여
거센 물결 달리는데 어찌 티끌 머무르랴
이태백[45]이 달을 붙잡으려다 강바닥에 빠졌다더니
고기잡이 배들이 사씨(謝氏) 집안 사람들[46]을 웃기는구나

天衣懷 頌
鑿斷龍門透碧津
洪流奔驟豈停塵
謫仙挐月沉江底
漁舟笑殺謝家人

---

45) 원문에 적선(謫仙)이라고 되어 있는데, 이는 중국의 하지장이라는 이가 그의 시를 읽고는 경탄하여 "이건 사람이 지은 것이 아니다. 하늘나라에서 귀양 온 신선의 작품이다."라고 하여 얻어진 별명이다. 적선의 적(謫)은 귀양, 선(仙)은 신선(神仙)의 뜻으로 하늘나라에서 쫓겨난 신선을 말한다.

46) 사씨 집안 사람들 : 현사 선사의 문중을 말한다.

ꩰ 부산원 선사가 열 수로 송하였다.

1. 북두 속의 몸이니라 함이여
운문이 말한 곳을 보라
남쪽별이 여섯 모로 나뉘었고
북두는 일곱별이 늘어섰다
봄비는 촉촉히 젖어들고
가을바람은 싸늘하게 차다
곤륜[47]이 흰 코끼리를 끌고
노래를 부르면서 장안으로 들어온다

浮山遠 頌 十首
北斗藏身句　雲門道處看
南辰分六角　北斗七星攢
春雨霏霏潤　秋風颯颯寒
崑崙牽白象　歌謠入大安

47) 곤륜(崑崙) : ① 중국의 옛 문헌『서경』에 나오는 청해성(青海省) 부근에 살던 민족. ② 중국 한(漢)나라 이후부터 남양에서 온 흑인을 이르는 말. ③ 곤륜산. 중국 전설상의 높은 산. ④ 불교 용어로서 서방 낙토(樂土)를 상징함. 전설상의 신선 경계.

2. 북두 속의 몸이니라 함이여
바르게 아는 이 드물도다
재잘재잘 꿈 얘기를 하는 것 같고
묵묵하여 바보와도 같다
가을 달은 맑은 강에 고요하고
봄빛은 새벽 햇살에 빛난다
얼음은 강 북쪽 언덕에 녹고
꽃은 나무의 남쪽 가지에 핀다

北斗藏身句　其方會者稀
喃喃如說夢　默默似愚癡
秋月澄江靜　春光對曉暉
冰消河北岸　花發樹南枝

3. 북두 속의 몸이니라 함이여
제방에서 모두 들어 쓰지만
면밀하고 밝다는 것이 오히려 자취에 빠짐이요
그물을 벗어났다고 하면 깊은 구덩이에 빠짐일세
탕아는 길 가운데서 곤하고
선승은 어두운 방에서 눈멀었다
3년에 한 번 윤달을 만나고
한낮에 삼경 종을 친다

北斗藏身句　諸方盡擧行
精明猶滯迹　透網墮深坑
蕩子途中困　禪僧暗室盲
三年逢一閏　日午打三更

4. 북두 속의 몸이니라 함이여
격 밖의 것이라 고준하다고도 말라
사람을 굶주린 범에게 던지는 것 같아서
곧 잡혀 먹힘 당하리라
구름과 바람은 원래부터 다르고
눈과 해오라기는 영영 뒤섞일 수 없다
단주에서는 돌벼루가 나고
병주는 가위[48]가 좋다

北斗藏身句　休稱格外高
如人投餓虎　失脚便身遭
風雲元自異　雪鷺永無交
端州出石硯　幷州好剪刀

48) 원문의 전도(剪刀)는 가위를 말한다.

5. 북두 속의 몸이니라 함이여
수고로이 점치거나 논쟁하지 말라
해가 깊으니 요물이 되었고
세월이 오래니 유령으로 변했다
중하다고 말한다 해서 어찌 다시 중해질 것이며
가볍다고 말한다고 어디가 가벼우랴
손빈이 가게를 걷어치웠으니
다시는 도사라고 묻지 말라

北斗藏身句　無勞打瓦爭
年深成怪具　歲久變爲精
道重何曾重　言輕甚處輕
孫賓收却鋪　更莫問先生

6. 북두 속의 몸이니라 함이여
종사들이 나는 안다고들 하나니
입으로 비방하여 얽어매는 죄를 지을 뿐 아니라
자신의 마음까지 속이는 것이다
공교하다는 여자가 졸렬함을 이루게 하고
간악한 아이가 어리석음으로 무너진다
지옥[49]에서 항상 고통 받는 날
자비가 없었다고 말하지 말라

北斗藏身句　宗師道我知
不唯招口謗　兼乃自心欺
巧女教成拙　姦兒壞得癡
泥犁常苦日　莫道勿慈悲

49) 원문의 니리(泥犁)는 범어로 지옥을 말한다.

7. 북두 속의 몸이니라 함이여
바랑을 어깨에 메고 가는 곳마다 참구하나
하늘 남쪽에서 하늘 북쪽에 이르른 것을
다만 아직 모르기 때문이다
습득은 고개를 숙이고 웃는데
한산은 얼굴을 들어 우러러 본다
누군가가 무슨 일인가 물으면
옛 산의 감실[50] 생각난다고 하리

北斗藏身句　挑囊到處參
天南到天北　只爲未相諳
拾得低頭笑　寒山仰面瞻
有問如何事　憶得舊山龕

50) 원문의 감(龕)은 감실로 불탑 밑의 방을 말한다.

8. 북두 속의 몸이니라 함이여
그대 헛된 말을 다시 얻으려고 하지 말라
설사 현묘함을 깨달아 알았다 하여도
눈 가운데 병을 면치 못하리
오랑캐 노인이 당시에 있었다면
사량을 꾸짖지 않은 것을 뉘우치리
끈끈한 침이 후대로 흐르니
먹는 자 병 낫기 어렵네

北斗藏身句　憑君莫掠虛
直饒玄會得　未免眼中瘀
胡老當時在　思量悔不嗟
粘涎流後代　喫者病難祛

9. 북두 속의 몸이니라 함이여
선객들이 자신은 밝혔다 말을 한다
몸을 범하는 줄 알지 못하니
귀 가리고 다시 방울을 훔치는 격일세
나라가 즐거우면 집집마다 즐겁고
시국이 태평하면 길거리도 태평하다
문 앞의 수레와 말의 길이
탕탕하나 몇이나 다니던가

北斗藏身句　禪流道我明
不知身有犯　掩耳更偸鈴
國樂家家樂　時平道大平
門前車馬路　蕩蕩幾人行

10. 북두 속의 몸이니라 함이여
선객들이 어쩌지를 못하는군
구름 속의 기러기 보기를 탐하다가
우리 안의 거위를 잃는 격일세
길이 머니 도달하지 못하고
숲이 성그니 새가 들르지 않는다
바위 앞의 오동과 잣나무는
열매는 적은데 꽃은 많이 핀다

北斗藏身句　禪流不奈何
貪看雲裏鴈　忘却柵中鵝
路遠無因到　林疎鳥不過
嵓前桐柏樹　子少放花多

ᢀ 해인신 선사 송

북두 속의 몸이니라 함이여
삼경에 맹진 나루터[51]를 지나는 것과 같다
날래구나! 천리마여
한 걸음에 한바탕 먼지로세

海印信 頌
北斗裏藏身
三更過孟津
俊哉千里馬
一步一塵塵

51) 맹진(孟津) 나루터 : 중국 하남성에 있는 나루터. 주 무왕이 주를 토벌할 때 여기에서 제후들을 모아 작전을 짰다.

ꕥ 해인신 선사가 다시 송하였다.

운문의 북두 이야기여
누가 감히 입을 열랴
잎이 지면 꽃이 붉고
새가 날고 토끼는 뛰어간다

又頌
雲門北斗
孰敢開口
葉落花紅
烏飛兎走

ꩻ 황룡남 선사 송

하늘의 별은 모두가 북쪽을 향하고
세상의 물은 동으로 흘러가지 않는 것이 없다
사람들이여, 북두 속의 몸이라고 한 병 알고자 하는가
체를 들고 별처에서 체질을 한다

黃龍南 頌
天上有星皆拱北
人間無水不朝東
時人若識藏身病
拈取簸箕別處春

○ 도오진 선사 송

운문이 법신이라는 것마저 초월했다 하니
이로부터 친소가 생겼다
모두가 말하기를 화사한 바람 따스하다 하지만
춘삼월 봄날의 추위 다시 새롭다네

道吾眞 頌
雲門透法身
從此覓踈親
盡道和風暖
三春寒更新

☁ 취암열 선사 송

북두 속의 몸이니라 함이여, 묻지 말아라
저 노주를 괴롭혀 선동한다
뛰어들어 등롱에 들어가고
호남의 장로를 꿰뚫었다

翠嵓悅 頌
休問藏身北斗
撩他露柱煩惱
跨跳撞入燈籠
穿却湖南長老

ꩰ 취암열 선사가 다시 송하였다.

북두 속의 몸이니라 함, 저버릴 수 없는 일이나
소양은 이 까닭에 몸을 상했다 하리
지금껏 택국[52]에 낚싯줄을 드리우는 이가
아직도 비리고 누린 것을 들고 어리석은 범부를 속인다

又頌
北斗藏身事不孤
韶陽由是喪殘軀
而今澤國垂綸者
猶把腥羶誑懵夫

52) 택국(澤國) : 못과 늪이 많은 나라. 그런 장소.

☁ 자수첩 선사 송

북두 속의 몸이니라 하여 법신을 초월한 구절 대답함이여
불화로 불꽃 속의 한 알의 밝은 구슬일세
끝없는 우주에 사람들은 많으나
그 중에 몇이나 대장부런가

資壽捷 頌
北斗藏身對法軀
烘爐焰裏一明珠
茫茫宇宙人無數
幾箇男兒是丈夫

ꩰ 불타손 선사 송

북두 속의 몸이니라 하여 이미 기틀을 누설함이여
저녁 하늘 기러기떼가 구름 속으로 날아드네
어부는 노를 저어 포구로 돌아오고
농부는 소를 끌고 산길을 내려온다

佛陁遜 頌
北斗藏身已泄機
暮天鴻鴈入雲飛
漁人撥棹歸深浦
野老牽牛下翠微

ꕤ 진정문 선사 송

동에서 솟아 서쪽으로 잠김이여
북두 속의 몸이니라
법왕의 법령이여
짝할 것 있는 덕이 아니라네

眞淨文 頌
東涌西沒
北斗藏身
法王法令
德非有鄰

☁ 동림총 선사 송

북두 속의 몸이니라 함이여
까닭 있으나 밝힐 수는 없는데
남과 북에서 전쟁을 일으키듯 하누나
바람 맑고 달 밝아 구름 없는 밤에
두우성을 잘못 알아 북두라 하지 말라[53]

東林惣 頌
北斗藏身句
有由未明
南北起戈矛
風淸月朗無雲夜
莫認文星作斗牛

53) 원문의 문성(文星)은 북두의 제4성으로 문곡성(文曲星)이라고도 한다. 두우성은 28 수(宿) 중 두성과 우성, 남두성과 견우성을 말한다. 여름밤 남쪽 하늘을 보면 작은 북두칠성처럼 여겨지는 별이 있다. 남쪽의 작은 북두라는 의미에서 남두육성으로 불리는 별이 두수, 즉 남두성이다.

ෆ 백운단 선사 송

오릉의 공자들은 꽃놀이에 익숙한데
급제 못한 가난한 선비들 옛부터 많았다
다른 이의 부귀함을 멸시하나
무단히 복두건을 어찌하지는 못하는구나[54)]

白雲端 頌
五陵公子遊花慣
未第貧儒自古多
冷地看他人富貴
等閑不奈幞頭何

54) 복두건의 모양에 따라 신분이 다르다.

◌ 자수 선사 송

북두 속의 몸이니라 함
헤아리면 곧 어긋난다
하늘을 찌르는 새매의 새끼는
옛 둥지를 그리워하지 않는다

慈受 頌
北斗藏身句
擬議卽差訛
鑽天新鷂子
不戀舊時窠

ᨒ 숭승공 선사 송

법신을 북두가 꿰뚫어 지님이여
흘러다니는 나그네 가르침을 쫓아 만 리에 바쁘나
누가 푸른 하늘 일찍이 눈을 들어 보았나
깊은 밤 달 없어도 광채 빛난다

崇勝珙 頌
法身北斗透兼藏
行客從敎萬里忙
誰道碧霄曾擧目
夜深無月轉輝光

∽ 불감근 선사 송

북두라 함을 떠나서 어찌 근본 별이 있으랴
북두 속의 몸을 깨달으니 본신을 봄일세
물 밑의 은두꺼비가 하늘의 달이요
눈 속의 동자가 얼굴 앞의 사람일세

佛鑑勤 頌
豈離北斗有元辰
會得藏身見本身
水底銀蟾天上月
眼中瞳子面前人

ඏ 심문분 선사 송

높은 하늘 홀로 걸어 기량이랄 것도 없음이여
꿈에 황학을 따라 간 것 같이 자취 없네
눈을 들어 구름길을 보았다고 하면
여덟 번째 하늘문[55]에 떨어져 있는 걸세

心聞賁 頌
獨步丹霄伎倆空
夢隨黃鶴去無蹤
擡眸蹉過雲端路
落在天門第八重

55) 하늘문은 9중으로 되어 있다.

○ 무진 거사 송

비로자나 정수리의 광채를 꿰뚫음이여
찬 밤의 별 북두 중에 있도다
선객〔禪家〕은 천사(天師)[56]의 비결도 탐하지 않지만
교건보[57]와 답강[58]을 알고 있다네

無盡居士 頌
透出毗盧頂上光
夜寒星轉斗中藏
禪家不掐天師訣
也解交乾步踏岡

56) 천사(天師) : 도교를 창설한 이.
57) 교건보(交乾步) : 몸을 숨기는 도학의 비결.
58) 답강(踏岡) : 교건보와 같음.

◌ 혜일경 선사의 문답

혜일경 선사에게 어떤 선승이 물었다.
"북두 속의 몸이니라 한 뜻이 어떤 것입니까?"
혜일경 선사가 말하였다.
"황하가 곤륜산 꼭대기로 거슬러 흐르느니라."
혜일경 선사가 다음과 같이 송하였다.

철저히 법신이라는 것마저 초월해야 참 뜻을 아나니
해가 부상[59]에서 떴다가 다시 해동으로 넘어간다
남악의 축륭봉이 천고에 빼어나고
천태산의 화정봉은 푸른 하늘에 연이었네

慧日璚 因僧問 北斗藏身意旨如何 師云 黃河側逆崑崙觜 師有頌曰
法身透徹始知音
日出扶桑轉海東
南岳祝融千古秀
天台華頂翠連空

---

59) 부상(扶桑) : ① 동방의 태양이 뜨는 지방. ② 동해 속에 있다는 신령스런 나무 또는 그 신령스런 나무가 있는 나라. ③ 남방에 나는 나무.

◌ 향산량 선사가 상당하여 이 칙을 들고 이어 어떤 선승이 오봉 선사에게 "북두 속의 몸이니라 한 뜻이 무엇입니까?" 물으니, 오봉 선사가 "수미산 꼭대기에서 몸을 거꾸로 던지는 것이니라."라고 답한 것을 들고 말하였다.

대단하다는 운문 큰스님과 오봉 선사의 발꿈치에 각각 스무 방망이씩을 갈겨주어야 되겠다. 어째서 그런가 하면, 그들이 잘못 말했기 때문이다.

香山良 上堂擧此話 連擧僧問五峯 北斗裏藏身意旨如何 峯云 須彌頂上倒黐身 師云 大小大雲門 五峯脚跟下 各好與二十柱杖 爲何如此 爲他錯下名言

ᔕ 앙산위 선사가 상당하여 말하였다.

무릇 한 마디 한 구절을 모두 분명하게 잘 알아야 한다. 보지 못했는가? 어떤 선승이 운문 선사에게 "어떤 것이 법신이라는 것마저 초월한 말입니까?"라고 물으니, "북두 속의 몸이니라." 하였으니 옛 사람이 자비를 드리워서 크게 문호를 열었다.

만일 오래 참구한 선덕이라면 들어 보이자마자 곧 밝힐 것이요, 늦게 나선 초심자라면 배에 가득히 의심을 품지 않을 수 없으리라.

대중들이여, 알겠는가? 옛날에 운문이 들어 보였고, 오늘 앙산이 들었도다. 참선하는 이로서 알기를 바란다면 고금의 일이 뚜렷하니라.

仰山偉 上堂云 凡一言一句 須是諦當 始得 不見 僧 問雲門 至北斗裏藏身 古人垂慈 大開門戶 若是久叅先德 擧處便曉 後進初機 滿肚疑惑 大衆 會麼 昔日雲門擧 今朝仰山拈 禪人 若要會 古今事歷然

☁ 장로색 선사가 오조계 선사의 송에
"운문이 법신이라는 것마저 초월함이여
석가로 인한 바를 갈라 끊었다
문수는 공연히 한탄하고 원망하며
보현은 부질없이 생각에 잠긴다" 한 것과
나한림 선사의 송에
"북두 속의 몸이니라 한 구절이여
법신이 이로부터 당당하게 드러나리
운문이 남들을 몹시도 속여서
지금껏 어지러이 헤아리게 하였네" 한 것을 들고 말하였다.

이 두 존숙이 서로가 긍정치 않으니, 산승이 눈썹을 아끼지 않고 판단해 보리라.

북두 속의 몸이니라 함을 어찌 쉽게 논할 수 있으랴
밝음과 어두움으로 친하고 먼 것을 정하지 말라
진흙소가 서강의 물을 다 마시니
콧구멍이 머언 하늘의 달을 본다

長蘆賾 擧五祖戒禪師頌曰 雲門透法身 劃斷釋迦因 文殊空悵怏 普

賢謾沉吟 羅漢琳 頌曰 一句將身北斗藏 法身從此露堂堂 雲門賺殺他家子 直至如今亂度量 師拈云 此二尊宿 互不相肯 山僧 不惜眉毛 試爲斷看

北斗藏身豈易論
莫將明暗定踈親
泥牛飮盡西江水
鼻孔遼天看月輪

ꩠ 운문고 선사가 상당하여 이 칙을 들고 말하였다.

운문 노장의 이런 말은 겨우 법신의 구절만을 대답했고, 법신이라는 것마저 초월한 구절은 대답하지 못했다.

오늘 어떤 이가 경산에게 "어떤 것이 법신을 꿰뚫은 구절인가?"라고 묻는다면 곧 그에게 "초명 눈 속에 밤 저자〔夜市〕를 두고 호랑이 혀끝에서 그네를 뛴다." 하리라.

雲門杲 上堂擧此話云 雲門老人恁麼道 只荅得法身句 未荅得透法身句 今日 或有人 問徑山 如何是透法身句 卽向他道 蟭螟眼裏放夜市 大蟲舌上打鞦韆

 대원 문재현은 이 칙을 모두 듣고 나서 이르노라.

운문 대사도 다하지는 못했다.
알겠는가?

뜰 밑에 흰 진달래가
내 먼저 누설하는군

험!

1017칙 화약난

 본 칙

운문 선사에게 어떤 선승이 물었다.
"어떤 것이 청정법신입니까?"
운문 선사가 대답하였다.
"화약난이니라."
선승이 다시 물었다.
"곧장 그렇게 갈 때엔 어떠합니까?"
운문 선사가 말하였다.
"황금털 사자니라."
(설두 선사가 착어했다.
"커서 끝이 없다.")

雲門 因僧問 如何是淸淨法身 師云 花藥欄 僧云 便恁麽去時如何 師云 金毛師子(雪竇着語云大無端)

ထ 설두현 선사 송

화약난이라 한 것에 대해 멍청하지 말라
저울눈은 저울대에 있지 소반에 있지 않다
이렇게 커서 끝이 없음이여
황금사자인 대가라야 보리

雪竇顯 頌
花藥欄莫顢頇
星在稱兮不在盤
便與麽大無端
金毛師子大家看

◌ 불일재 선사 송

운문의 화약난을
그대들 보기를 허락한다
깨달아서는 깨달았다는 것마저 없는 눈, 없는가?
울타리에 기대지 말라

佛日才 頌
雲門花藥欄
許汝衲僧看
若無向上眼
切忌靠欄干

⚬ 삽계익 선사 송

금 골짜기의 봄빛이 길이 눈〔眼〕에 가득하고
붉은 약꽃 가지 향기 만발하여 흐드러진다
지난 밤, 한 줄기 서풍이 차가우니
땅 위에 상한 꽃들이 얼마나 떨어졌는가
왕손이여, 취해 쓰러져 돌아갈 줄 모르면서
아직도 난간 곁에서 금술잔을 찾는가

雪溪益 頌
金谷春光長滿眼
紅藥花梢香爛熳
昨日西風一陣寒
遍地殘芳落何限
王孫醉倒不知歸
猶向欄邊索金盞

◌ 불감근 선사 송

화약난 안에 백 가지 향기요
황금사자 발톱과 이빨이 길다
납자가 운문의 뜻 알기만 하면
죽은 불, 식은 재가 밤낮으로 빛난다

佛鑑勤 頌
花藥欄中百種香
金毛師子爪牙長
禪人若會雲門意
死火寒灰晝夜光

☁ 천동각 선사가 이 칙에서 설두 선사의 착어에 "커서 끝이 없다." 한 것까지 들고 말하였다.

도적이 오면 때리고 손이 오면 대접해야 된다. 운문 선사와 설두 선사는 모두가 작가이니, 이 속에서 곧장 이렇게 간다고도 말라. 머리를 부딪치고 이마가 깨질까 금하노라.

天童覺 擧此話至雪竇云 大無端 師云 賊來須打 客來須待 雲門雪竇二俱作家 這裏 莫有便恁麽去者麽 切忌撞頭磕額

 대원 문재현은 이 칙을 모두 듣고 나서 이르노라.

만약 내게 어떤 이가 “어떤 것이 청정법신입니까?” 물었다면 “누구에게든지 잘 전하라.”라고만 했을 것이다.

험!

가슴으로 부르는 불심의 노래

대원 문재현 선사님 작사

여기에 실린 것들은 모두 대원 문재현 선사님께서 직접 작사하신 곡들이다.

수행의 길로 들어서게끔 신심, 발심을 북돋아주는 곡으로부터 수행의 길로 접어든 이의 구도의 몸부림이 담겨있는 곡, 대승의 원력을 발해서 교화하는 보살의 자비심과 함께 낙원세계를 누리는 풍류를 그려놓은 곡까지 가사 한마디, 한마디가 생생하여 그 뜻이 뼛속 깊이 새겨지고 그 멋에 흠뻑 취하게 된다.

대원 문재현 선사님께서는 거칠고 말초적인 요즘의 노래를 듣고 이러한 정서를 순화시키고자, 또한 수행의 마음을 진작시키고자 하는 뜻에서 이 곡들을 작사하셨다.

서 원 가

작사 문재현
작곡 배신영
노래 홍노경

느리게

A

Gm C F Dm Gm A7 Dm D/F♯

Gm C F Dm Emaj9(♭5) Asus4 A

B

Dm C F Dm

참 나 를 깨 달 아 서 보 림 을 하 고 다 가 올 내 앞 날 의
보 살 의 가 는 길 이 험 난 타 해 도 맹 세 코 초 지 일 관
중 생 이 끝 이 없 다 말 들 을 해 도 보 현 의 만 행 다 해

A7 Dm Gm B♭ Gm F7

서 원 이 라 네 기 어 코 육 바 라 밀 성 취 를 하 여 –
서 원 이 라 네 구 류 를 그 릇 따 라 깨 닫 게 하 여 –
제 도 를 하 여 유 정 과 무 정 모 두 다 한 그 날 이 –

B♭ G7 C A7 Dm A7

불 보 살 님 큰 은 – 혜 – 에 보 – 답 하 – 면 서
스 승 님 의 큰 은 – 혜 – 에 보 – 답 하 – 면 서
삼 보 님 의 큰 은 – 혜 – 를 갚 – 는 날 – 이 니

Dm A7 B♭ A7 Dm

영 원 히 구 제 의 길 나 는 – 가 리 – 라
영 원 히 구 제 의 길 나 는 – 가 리 – 라
영 원 히 구 제 의 길 나 는 – 가 리 – 라

Fine

반조 염불가

작사 문재현
작곡 배신영
노래 홍노경

느리게

A

B

님 께 - 서 베 푸 신 자 비 의 은 혜 오 늘
본 래 - 에 드 러 난 나 인 걸 몰 라 낙 원

도 감 사 한 맘 - 어 - 찌 - 잊 으 리
을 고 해 로 서 - 사 - 는 - 삶 이 니

가 르 침 따 름 만 - 이 살 길 이 란 다 짐 으 로 간
가 르 침 따 름 만 - 이 살 길 이 란 다 짐 으 로 반

절 히 시 시 때 때 회 광 반 조 아 - 미 타 불 - 백 -
조 의 아 미 타 불 나 도 잊 은 삼 - 매 의 앎 - 깨 -

팔 염 주 일 상 화 로 기 어 이 - 크 게 깨 쳐 크 나
닫 기 에 좋 은 때 니 기 어 이 - 원 을 이 뤄 금 생

큰 - 님 - 의 은 혜 갚 으 리 라 아 미 타 - 불 -
에 - 구 - 제 중 생 불 은 갚 길 아 미 타 - 불 -

Fine

소중한 삶

작사 문재현
작곡 배신영
노래 홍노경

석가모니불

작사 문재현
작곡 배신영
노래 홍노경

국악가요

맹서의 노래

작사 문재현
작곡 배신영
노래 홍노경

느리게

염원의 노래

작사 문재현
작곡 배신영
노래 홍노경

느리게

음성공양

작사 문재현
작곡 배신영
노래 홍노경

느리게

발 심 가

작사 문재현
작곡 배신영
노래 홍노경

보사노바

자비의 품

작사 문재현
작곡 배신영
노래 홍노경
느리게
A
B
자 대비 보 살 의 사 랑 알 지 못 하 고 -
자 대비 보 살 의 사 랑 자 비 의 품 을 -
외 면 한 저 중생 들 을 - 그 래 도 가 - 엾 어 -
떠 나 간 저 중생 들 을 - 저 리 도 애 - 타 게 -
잊 - 지 못 하 는 그 진 한 - 마 음 모 른
부 르 고 부 르 는 절 절 한 - 마 음 새 기
체 하 고 - 업 따 라 갈 수 가 있 - 나 - 아 - 아 하 늘 땅
고 새기면 - 업 따 라 갈 수 가 있 - 나 - 아 - 아 하 늘 땅
사 이 - 다 시 또 없 는 자 비 의 품 에 - 어 서 돌 아 와
사 이 - 다 시 또 없 는 자 비 의 품 에 - 어 서 돌 아 와
감 로 수 에 소 - 원 이 루 - 라 -
감 로 수 에 소 - 원 이 루 - 라 -
Fine

부처님 은혜 1

작사 문재현
작곡 배신영
노래 홍노경

느리게

보살의 마음

작사 문재현
작곡 배신영
노래 홍노경

느리게

이 생에 해야 할일

작사 문재현
작곡 배신영
노래 홍노경

구도의 목표

작사 문재현
작곡 배신영
노래 홍노경

느리게

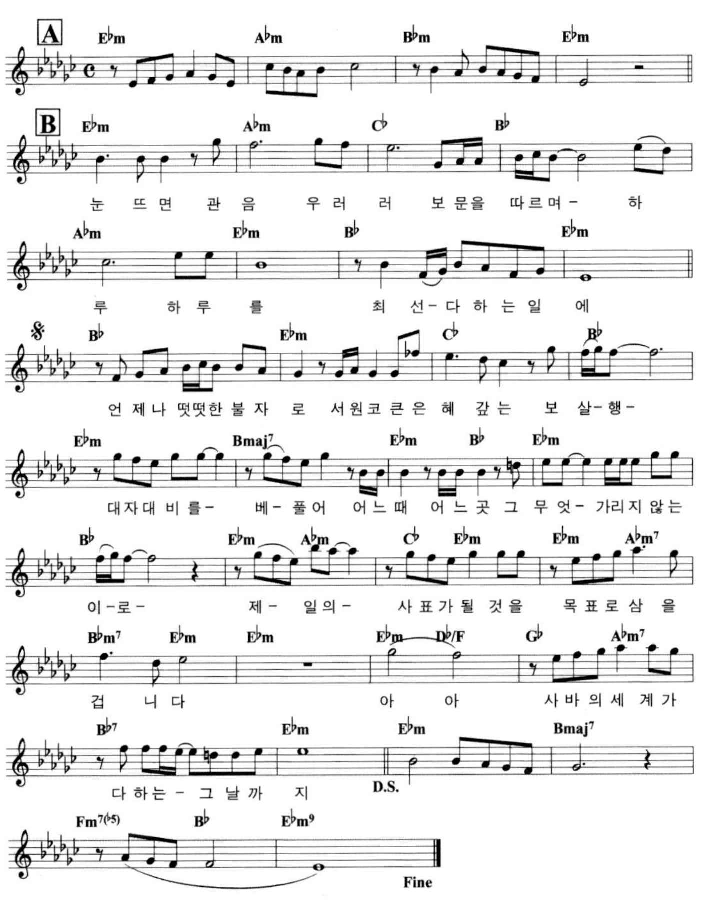

님은 아시리

작사 문재현
작곡 배신영
노래 홍노경

Moderato ♩= 100

부처님 은혜 2

작사 문재현
작곡 배신영
노래 홍노경

느리게

성중성인 오셨네

(초파일노래)

작사 문재현
작곡 배신영
노래 홍노경

Swing

A

Gm D/F♯ F6 C/E

E6 Cm D

Inter

Gm E6 Cm D

B

Gm F Gm Cm D7

음력 사월 초 - 파일은 - 온누리의 제 - 일이신 - 성 중
음력 사월 초 - 파일은 - 온누리의 제 - 일이신 - 성 중

Gm E♭ F B♭

성 인 - 부 - 처 님이 - 이 땅 위 에 오 - 신 - 날 - 괴 로
성 인 - 부 - 처 님이 - 이 땅 위 에 오 - 신 - 날 - 너 를

E♭ Cm D7 Gm D7

움 을 낙원 으 - 로 - 어 두 움 을 - 광 명 으 - 로 바 꾸
알 란 그 가 르 - 침 - 펼 치 려 고 - 오 심 이 - 니 자 아

Gm Cm D7 Gm D7

려 - 는 숙 - 원 - 을 시 작 하 신 날 - 너 나 없 이 모 두
완 - 성 이 - 룩 - 해 우 리 이 땅 - 이 대 로 를 낙 원

F E♭ D7 Gm D7 Gm last tir

함 께 - 경 축 하 세 모 두 함 께 경 축 하 - 세 - 모 두
으 로 - 누 려 보 세 낙 원 으 로 누 려 보 - 세 -

Gm D7 Gm

함 께 경 축 하 - 세 -

내 문제는 내가 풀자

작사 문재현
작곡 배신영
노래 홍노경

조금빠르게

즐거운 밤

작사 문재현
작곡 배신영
노래 홍노경

Trot Disco ♩= 145

관 음 가

작사 문재현
작곡 배신영
노래 홍노경

조금빠르게 ♩= 130

부 처 님

작사 문재현
작곡 배신영
노래 채연희

Slow GoGo ♩= 80

열반재일

작사 문재현
작곡 배신영
노래 채연희

성도재일

작사 문재현
작곡 배신영
노래 채연희

석굴암의 노래

작사 문재현
작곡 배신영
노래 채연희
Moderato ♩= 98
A
Cm9 Fm B♭ E♭
A♭ Fm D G7
B
Cm Fm B♭ Cm
그윽히 내려 트인 높고높은산기 슭에
태초의 이마 음이 무명으로경계 이뤄
Cm Fm G Cm
명월보다밝은 모습 근엄도하 셔 라 뵈옵
꿈의세상이어 져서 이런삶 됐 지 만 거룩
Cm Fm E♭ G7
는 그 순 간 티끌번 뇌 사라지 니 한 없
한 가 르 침 깊이새 긴 실천으 로 일 상
Cm Fm E♭ Gmaj13(♯11) last time
이 고요하 여 지- 순 한 마음일 세 이 마 음
의 시시때 때 생활화 가 되는그 날 이 세 상
Fm Cm G7 Cm
속세에 있을때 도 지속되 면 거치른 이세상도 태평세
이대로가 정-토 의 세상되 어 노래와 춤으로써 길이길
G7 Cm C 간 주 Cm
계 될것일 세
이 즐길걸 세
D.C.
Fine

님의 모습

작사 문재현
작곡 배신영
노래 채연희
Slow Waltz ♩= 82
A
Am Dm
C E7 Am
B
Am Dm E7
합 장 속 의 봉 - 화 처 럼
대 자 비 의 육 - 신 통 을
님 의 모 습 그 - 위 력 에
Am G/B C Dm E
나 타 나 신 모 - 습
갖 춰 나 툰 모 - 습
보 림 이 룬 마 - 음
Am G/B C E7 Am
사 색 속 의 태 - 양 처 럼
우 리 들 의 온 - 갖 소 원
님 의 모 습 나 - 툰 찰 나
Am E+5 E7 Am
나 타 나 신 - 모 - 습
이 뤄 주 신 - 모 - 습
둘 이 아 닌 - 마 - 음
Am E Am E
아 - 아 - 미 소 속 - 의
아 - 아 - 백 천 삼 - 매
아 - 아 - 님 의 모 - 습

Dm
Am
-Bis-
F
E7
Am
무 지 개 를 타 - 고 나 - 툰 - 모 -
나 에 게 서 깨 - 워 주 - 신 - 모 -
그 대 로 가 유 - 마 묵 - 연 - 마 -
습
습
음
Fine

믿고 따르세

작사 문재현
작곡 배신영
노래 채연희
Dsico (double beat) ♩= 136
A
F Dm Gm C F Dm Gm G F
B
F Dm
고- 해잃-러 낙원이라 한 불보-살림그- 말씀 의
참- 나깨-친 밝은지혜 로 선행-닦아사-상없 는
B♭ F F Dm
진 실한경지 알려-거든 보고듣는 그곳향해
일 상의생활 이루-는날 고해잃러 낙원이란
Gm C Dm C
명- 상하- 게 명 상-으로분- 별
말- 씀의- 뜻 내- 뜻- 되- 어
E C F Dm
망 상없-어지 고 고요로움 극해지면
큰웃음을- 껄껄짓 고 대장부로 삼계구할
Gm C F
불 멸 의 나 깨 - 치 네
서 원 세 워 행 - 하 리
Fine

신명을 다하리

작사 문재현
작곡 배신영
노래 채연희

Slow ♩= 64 국악가요

부처님께 바치는 노래

작사 문재현
작곡 배신영
노래 채연희

감사합니다

작사 문재현
작곡 배신영
노래 채연희
Polka ♩= 122
A
A(add9) E11 F♯m11 D13
A(add9) E11 Fm11 D/E E
B
A(add9) E A(add9) E
감 사 합 니 다 환 영 합 니 다 이 땅 위 에 오 신 것 을 -
나 를 깨 우 려 대 자 대 비 로 이 땅 위 에 오 셨 기 에 -
A Bm7 E A Bm7 A
축 하 합 니 다 경 축 합 니 다 성 중 성 인 오 신 것 을 -
우 리 모 두 가 감 사 함 으 로 우 러 러 서 받 듭 니 다 -
D(add9) only-last-time- E(add9) A(add9) F♯m7
손 에 손 을 - 서 로 잡 고 - 모 두 함 께 즐 거 워 서 -
손 에 손 을 - 서 로 잡 고 - 노 래 하 고 춤 을 추 며 -
D(add9) A(add9) Bm7 E
발 걸 음 도 - 가 벼 웁 게 - 춤 을 춥 - 니 다 -
나 날 마 다 - 오 늘 같 길 - 기 도 합 - 니 다 -
Bm7 A D.C.
춤 을 춥 - 니 다 -
기 도 합 - 니 다 -
To - A② no rep

교 화 가

작사 문재현
작곡 배신영
노래 채연희

Slow Waltz ♩ = 82

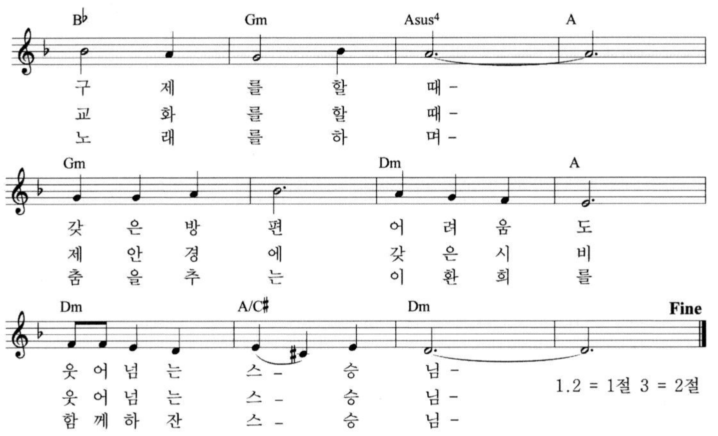
B♭ Gm Asus4 A
구 제 를 할 때 -
교 화 를 할 때 -
노 래 를 하 며 -
Gm Dm A
갖 은 방 편 어 려 움 도
제 안 경 에 갖 은 시 비
춤 을 추 는 이 환 희 를
Dm A/C♯ Dm
Fine
웃 어 넘 는 스 - 승 님 -
웃 어 넘 는 스 - 승 님 -
함 께 하 잔 스 - 승 님 -
1.2 = 1절 3 = 2절

섬진강 소초

작사 문재현
작곡 배신영
노래 채연희
Slow GoGo ♩= 84
A
B
광 양 - 포 구 팔 십 - 리 의 거 룻배에몸을신 고
하 동 - 포 구 팔 십 - 리 에 거 룻배를띄워놓 고
석 양노 을 고 운 빛 에 물 새 도 맘 읽 누 나
노 을들 어 법 문 하 니 어 우 러 진 웃음이 네
광 양 하 동 어 우 름 의 한 결같은 섬 진 강 은
이 위 력 이 세 상 그 늘 모두거둬 열 린 세 상
머 언 머 언 그 날 에 도 오늘처럼 - 흐 르 리 라
평 등 낙 원 누 림 으 로 노 래 하 며 - 살 게 되 리
우 리 도 저 런 맘 길 이 지 녀 누 리 며 사 세
그 날 을 위 한 삶 모 두 함 께 노 력 해 사 세
Fine

권 수 가 1

작사 문재현
작곡 배신영
노래 채연희

Am G Em G
이룰듯하다가 놓쳤으니 - 하루하루가 태산만같게
어 찌아 니 슬플쏜가 - 숙 - 명적인 인과라해도
Em Am D G D
커져만 - 가는게 의심일세 - 얼 씨구 나 좋 다 -
극복해 - 넘기에 어려웁네 - 얼 씨구 나 좋 다 -
Em C G Em
지 화 자 좋 네 - 아니닦지는 - 코러스 -
지 화 자 좋 네 - 아니닦지는
Am D G
못 - 하 리 - 라 -
못 - 하 리 - 라 -
Fine

권 수 가 2

작사 문재현
작곡 배신영
노래 채연희

Am G Em G
두타의수 행을 인내로 써 하 루 하 루 를 수 행해 왔 던
역- 대조- 사 무공적 의 명 - 월 삼 경 이 좋은 밤 을
Em Am D G D
결실로-얻어진 과위라 네 얼 씨구 나 좋 다
두둥실-두둥실 즐겨보 세 얼 씨구 나 좋 다
Em C G Em
지 화 자 좋 네 아니닦지 는
-코러스-
지 화 자 좋 네 아니닦지 는
Am D G
못 - 하 리 - 라
못 - 하 리 - 라
Fine

우란분재일

작사 문재현
작곡 배신영
노래 채연희

Trot in4 (double beat) ♩= 134

A

B

우 란분 재 맞- 이 해 서 대자대비-부처-님 을
정 성어 린 마- 음으 로 이고득락-비옵-나 니

이 자- 리 에 청해모 셔 다생부모 왕생극 락
세 상- 애 착 모두끊 고 부처님의 그세상 에

정성다한맘 입니 다 지 혜 짧 아 못-미-쳐 서
나시기만원 합니 다 다 생 겁 에 경-험-하 신

중한은혜 입-고서 도 보 은보 답 못하고 서
부질없는 몸-종노 릇 그 허망 을 떨침만 이

이생까지 이-른것 을 머리-숙 여 부처님 께
윤회고를 벗-어나 는 길이-오 니 그리되 길

참 회 합 니- 다 참 회- 합 니- 다
비 옵 나 이- 다 비 옵- 나 이- 다

Fine

고맙습니다

작사 문재현
작곡 배신영
노래 채연희

믿음으로 여는 세상

작사 문재현
작곡 배신영
노래 채연희

출가재일

작사 문재현
작곡 배신영
노래 채연희
Moderato ♩= 106
A
Gm Cm B♭ D
Gm G/B Cm A♭ D
B
Gm Cm B♭ D
장 하 십 니 다 장 하 십 니 다
장 하 십 니 다 장 하 십 니 다
Cm D Gm
그 의 지 가 장 하 십 니 다
갖 은 역 경 부 딪 쳐 서 도
Gm F/A B♭ D7
이 세 상 의 모 든 사 람 탐 을 내 는 왕 의 지 위 와
초 지 일 관 변 함 없 음 우 러 러 서 존 경 합 니 다
Cm Gm A♭ D
왕 비 와 의 궁 중 낙 을 미 련 없 이 버 리 시 고
나 밖 에 서 찾 으 려 는 어 리 석 음 버 리 고 서
Gm D B♭ D
고 - 행 수 - 도 하 겠 다 한 - 굳 은 의 지 머 리
내 - 안 에 - 서 찾 으 려 한 - 깨 침 향 한 굳 은
D Gm D7 Bis G B
숙 여 찬 탄 합 니 다 찬 탄 합 니 다
의 지 찬 탄 합 니 다 찬 탄 합 니 다
Fine

염 원

작사 문재현
작곡 배신영
노래 채연희

Moderato GoGo ♩= 114

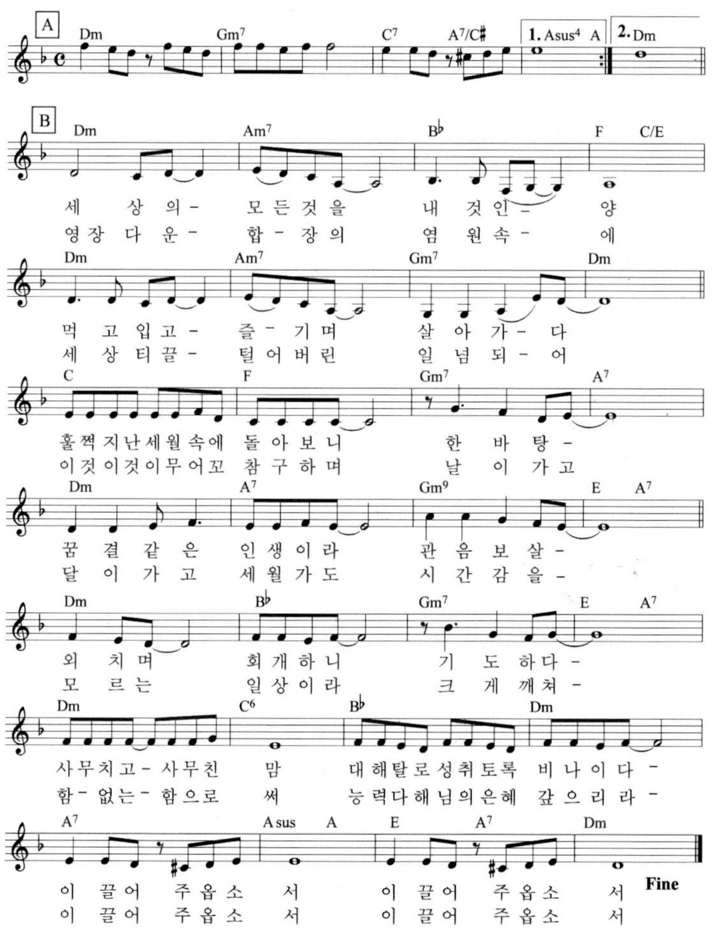

우리네 삶, 고운 수로

작사 문재현
작곡 배신영
노래 채연희

숲속의 마음

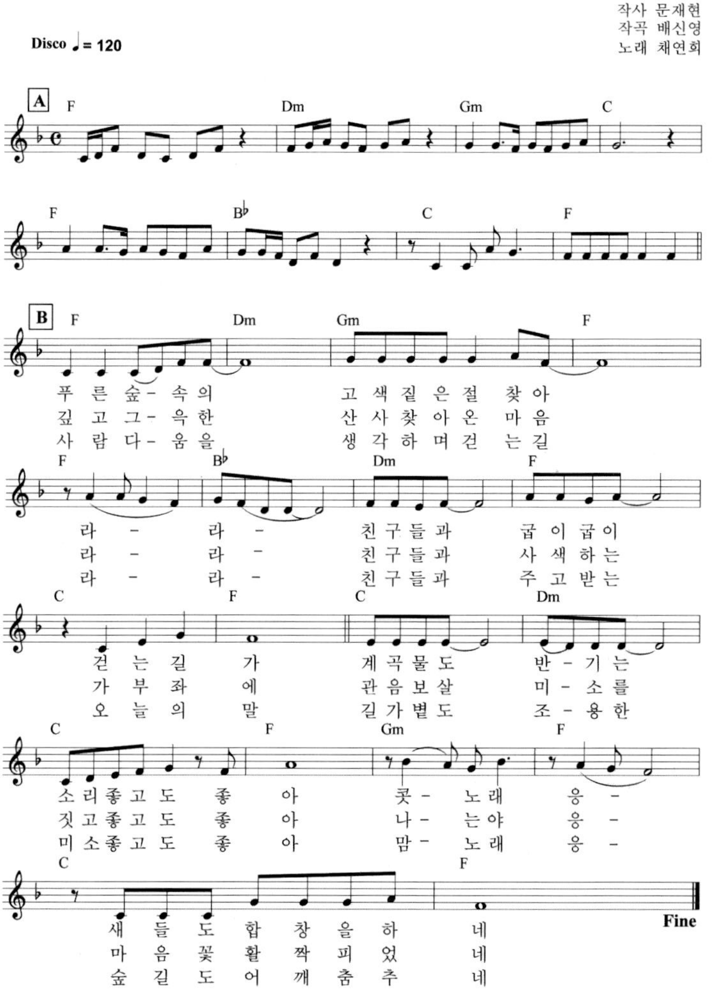
작사 문재현
작곡 배신영
노래 채연희
Disco ♩= 120
A
F Dm Gm C
F B♭ C F
B
F Dm Gm F
푸 른 숲 - 속 의 고 색 짙 은 절 찾 아
깊 고 그 - 윽 한 산 사 찾 아 온 마 음
사 람 다 - 움 을 생 각 하 며 걷 는 길
F B♭ Dm F
라 - 라 - 친 구 들 과 굽 이 굽 이
라 - 라 - 친 구 들 과 사 색 하 는
라 - 라 - 친 구 들 과 주 고 받 는
C F C Dm
걷 는 길 가 계 곡 물 도 반 - 기 는
가 부 좌 에 관 음 보 살 미 - 소 를
오 늘 의 말 길 가 볕 도 조 - 용 한
C F Gm F
소 리 좋 고 도 좋 아 콧 - 노 래 응 -
짓 고 좋 고 도 좋 아 나 - 는 야 응 -
미 소 좋 고 도 좋 아 맘 - 노 래 응 -
C F
새 들 도 합 창 을 하 네
마 음 꽃 활 짝 피 었 네
숲 길 도 어 깨 춤 추 네
Fine

사 색

작사 대원 문재현
작곡 배신영

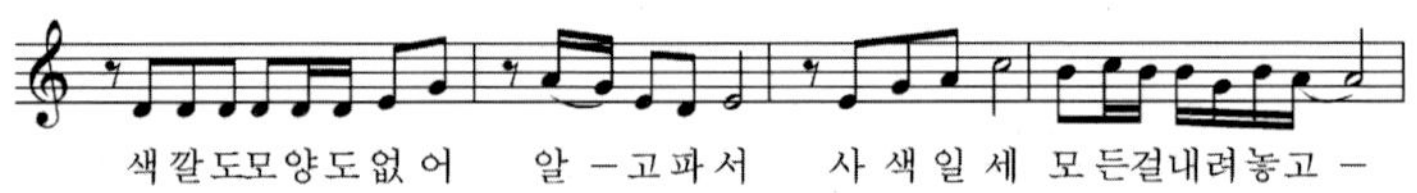

천부경을 아시나요

작사 대원 문재현
작곡 배신영

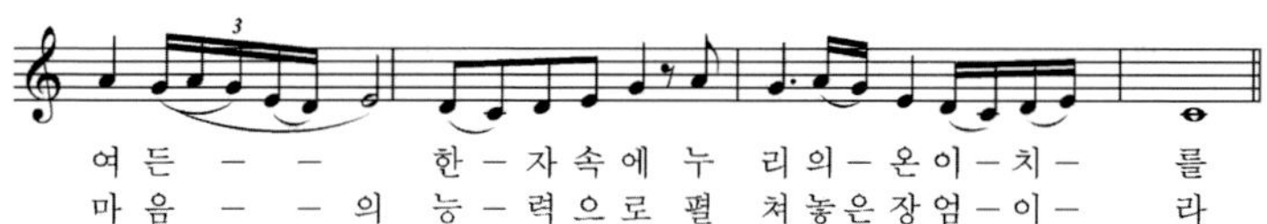

보 살 가

작사 대원 문재현
작곡 김동환

너무느리지않게 ♩= 80

이세계저세계서 닦았던보현행을 영원히펼치－ 리

님은 아시리

1 부

1. 사계절의 풍광인들 위로되겠니
서사시의 음률인들 쉬어지겠니
뜻과 같이 되지 않아 기도에 젖은
이 마음 님은 아시리
한 세상 열정 쏟아 닦는 수행길
불보살님 출현하셔 베푼 자비에
모든 망상, 모든 번뇌 없었으면 좋으련만
마음대로 안 되는 게 수행이더라, 수행이더라

2. 사계절의 풍광인들 위로되겠니
서사시의 음률인들 쉬어지겠니
뜻과 같이 되지 않아 기도에 젖은
이 마음 님은 아시리
청춘의 모든 욕망 사뤄버리고
회광반조 촌각 아낀 열정 쏟아서
이룬 선정 그 효력이 있었으면 좋으련만
마음대로 안 되는 게 보림이더라, 보림이더라

3. 사계절의 풍광인들 위로되겠니
서사시의 음률인들 쉬어지겠니
뜻과 같이 되지 않아 기도에 젖은
이 마음 님은 아시리
억겁의 모든 습성 꺾어보려고
갖은 노력 갖은 인내 온통 쏟아서
세월 잊은 보림 성취 있었으면 좋으련만
마음대로 안 되는 게 성불이더라, 성불이더라

2 부

1. 사계절의 풍광인들 비유되겠니
가릉빈가 음률인들 비교되겠니
뜻과 같이 자유자재 베풀어놓고
한없이 즐기시련만
그러한 대자유의 삶을 접고서
중생들을 구제하려 삼도에 출현
갖은 역경 어려움을 감내하는 자비로써
깨워주는 그 진리에 눈을 뜨거라, 눈을 뜨거라

2. 사계절의 풍광인들 비유되겠니
가릉빈가 음률인들 비교되겠니
뜻과 같이 자유자재 베풀어놓고
한없이 즐기시련만
억겁을 다하여도 끝이 없을 걸
알면서도 해내겠다 나선 님의 길
가시밭길 험난해도 일관하신 그 자비에
구류중생 깨달아서 정토 이루리, 정토 이루리

3. 사계절의 풍광인들 비유되겠니
가릉빈가 음률인들 비교되겠니
뜻과 같이 자유자재 베풀어놓고
한없이 즐기시련만
낙원의 모든 즐김 떨쳐버리고
삼악도를 낙원으로 이뤄놓겠다
촌각 아낀 그 열정에 모두 모두 감화되어
이 땅 위에 님의 소원 이뤄지리라, 이뤄지리라

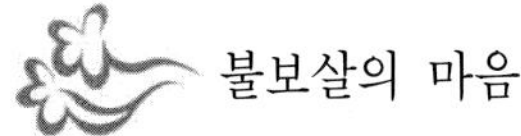

불보살의 마음

1. 자비, 그 자비는 눈물이었네
   불나방이 불을 쫓듯 가는 이
   그래도 못 잊어서 버리지 못해
   저리는 저리는 가슴, 그 가슴 안고서
   눈물, 피눈물로 저리 부르네

2. 자비, 그 자비는 눈물이었네
   제 살 길을 저버리는 이들을
   그래도 못 잊어서 버리지 못해
   저리는 저리는 가슴, 그 가슴 안고서
   눈물, 피눈물로 저리 부르네

나의 노래

1. 노세 노세 봄놀이하세
대천세계 이 봄 경치
한산 습득 친구삼아
호연지기 즐겨볼까
얼씨구나 절씨구
아니나 즐기고 무엇하리

2. 노세 노세 봄놀이하세
걸음 쫓아 이른 곳곳
문수보현 벗을 삼아
화엄광장 춤춰볼까
얼씨구나 절씨구
아니나 즐기고 무엇하리

잘 사는 게 불법일세

1. 잘 사는 게 불법일세
   우리 모두 관음보살 지장보살 생활 속에 모시면서
   마음 비운 나날들로 바른 삶을 하노라면
   불보살님 가피 속에 뜻 이뤄서 꽃을 피운
   그런 날이 있을 걸세

2. 잘 사는 게 불법일세
   우리 모두 관음보살 지장보살 생활 속에 모시면서
   마음 비워 살아가며 시시때때 잊지 말고
   참나 찾아 참구하는 그 정성도 함께 하면
   좋은 소식 있을 걸세

3. 잘 사는 게 불법일세
   우리 모두 관음보살 지장보살 생활 속에 모시면서
   틈틈으로 회광반조 사색으로 참나 깨쳐
   화장세계 장엄하고 얼쉬얼쉬 어울리며
   영원토록 웃고 사세

 해탈의 길

- 타령조로

1. 백짓장 한 장도 가리운 것 없는 것을
그리도 몰라 여섯 갈래 떨어져서
그 처참한 갖은 고통 날로 날로 겪는다는 말이런가

백짓장 한 장도 설 수 없는 것이라서
모를 뿐이라 어려울 것 없는 것을
제 능력에 제가 속은 고통에서 벗어나지 못하누나

백짓장 한 장 그런 말도 비운 거기
조용하게 비추어 보아 사무쳐들 보게나
끝이 없는 윤회길의 모든 고통 벗어나는 길이로세

2. 백짓장 한 장 벗겨낼 일도 없이
천연으로 내게 있어 본래 대자윤데
억겁 속을 속박 고통 겪었구나
얼씨구나 절씨구나 좋고 좋네

백짓장 한 장 만한 것도 얻음 없이
이리 만족 하는 것을 두고
유구세월 걸인생활 하였구나
얼씨구나 절씨구나 좋고 좋아 좋고 좋네

백짓장 한 장 옮김 없이 이른 낙원
이 행복을 모두 함께 누려 지상낙원 되는 날을
하루라도 앞당겨서 크고 크신 님의 은혜 갚아보세

우리 모두

우리 모두 만난 인생 즐겁게 살자
부딪치는 세상만사 웃으며 하자
인연으로 어우러진 세상사이니
풀어가는 삶이어야 하지 않겠니
몸 종노릇 하는 사이 맘 챙겨 살자
맑고 맑은 가을 허공 그렇게 비워
명상으로 정신세계 사무쳐보자
언젠가는 깨쳐 웃는 그날이 오리
한산 습득 껄껄 웃는 그러한 웃음
웃어가며 모든 일을 대하는 날로
활짝 펼쳐 어우러진 그러한 삶을
우리 모두 발원하며 즐겁게 살자

이때 우리는

1. 화산의 폭발로 해서 사람들과 모든 것이 용암펄로 화해버린
이 막막한 우리들을 올바르게 영원으로 끌어주실
성인중의 성인이신 불보살님 나라에 가 나는 게 꿈이네

2. 태풍이 인가를 덮쳐 다정했던 이웃들은 간 곳 없고
어지러운 벌판 되어 처참하고 참담하기 그지없는 무상한
이 현실에 의지할 분 생명 밝혀 영원케 한 부처님 뿐이네

3. 지진이 우리의 삶을 삼켜버려 초토화가 되어버린
허망하기 그지없는 우리들의 현실에선 사방천지 둘러봐도
의지해야 할 분은 자신 깨쳐 누리라 한 부처님 뿐이네

닮으렵니다

관세음보살 관세음보살
지극한 마음으로 닮으려고
오늘도 노력하며 주어진 일을 하면
하루가 훌쩍 가는 줄도 모른다오
관세음 관세음보살
님께서 베푸는 그 넓은 사랑을
이 맘 속에 기르고 길러서
실천하는 그런 장부 되어서
큰 은혜 갚을 겁니다

사람다운 삶

1. 사람이 사람다운 사람이 되려면
   명상으로 비우고 비워서
   고요의 극치에 이르러
   자신을 발견한 슬기로써
   마음을 다스리는 연마 후에
   그 능력으로 모두가 살아가야
   평화로운 세상이 활짝 열려
   모두 함께 누릴 걸세

2. 서로가 다툼 없이 서로를 아껴서
   마음으로 베풀고 베푸는
   사회로 이루어 간다면
   낙원이 멀리만 있는 것이 아니라
   살고 있는 이대로가 낙원이란 걸
   모두가 실감하는
   우리들의 세상이 활짝 열려
   모두 함께 누릴 걸세

서로 서로 나누면서

버들 푸르고 꽃 만발하고 나비 춤이더니
녹음이 우거지고 매미들의 노래 가득한 천지
울긋불긋 고운 단풍 어제인 듯한데 눈이 오네
우리 모두의 삶 저러하고 저렇지 않던가
보기도 아까웁고 소중한 형제 자매들이니
서로 서로 나누면서 짧은 우리네 삶을 즐기세

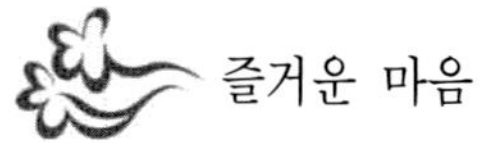

즐거운 마음

- 흥겹게 부를 노래

1. 우리 모두 선택 받은 제자 되어
즐거운 맘 하나 되어 축하합니다
그 무엇을 이룬들 이리 좋으며
황금보석 선물인들 이만하리까
부처님의 가르침만 따르오리다
실천하리라 실천하리라

2. 부처님의 뒤 이을 걸 맹세하며
다짐으로 즐기는 맘 가득합니다
당당하게 행보하는 구세의 역군
혼신 다해 낙원 이룬 이 세계에서
함께 사는 즐거움을 생각하며
노래합니다 노래합니다

지장보살

지장보살 두 눈의 흐르는 눈물
마르실 날 언제일까 생각하고 또 생각해도
이 세상의 사람들이 멀어지게만 하고 있네요
보살님 어찌해야 하오리까
반야의 실천으로 최선 다해 돕는다면
안 되는 일 있으리까
대원본존 지장보살 나무 지장보살

바른 삶

1. 어디 어디 어디라 해도
마음 찾아 바로만 살면
그곳 바로 극락이라네
세상분들 귀담아 듣고
사람 몸을 가졌을 때에
모든 고비 극복해내서
참선으로 참나를 깨쳐
걸림없는 해탈의 세상
누려보세 누려들 보세

2. 어둔 곳에 태양이 뜨듯
중생계에 불타 출현해
바른 삶에 인도를 하셔
복된 날을 기약케 하니
아니 아니 좋고 좋은가
이 몸 주인 통쾌히 깨쳐
억겁 업을 말끔히 씻고
걸림없는 해탈의 세상
누려보세 누려들 보세

선 승

토함산 소나무 위에 달빛도 조는데
단잠을 잊은 채 장승처럼 앉아있는
깊은 밤 선승의 그윽한 눈빛
고요마저 서지 못한 선정이라
대천도 흔적 없고 허공계도 머물 수 없는
수정 같은 광명이여, 화엄의 세계로세

수행과 깨침

1. 그릴 수도 없는 마음 만질 수도 없는 마음
찾으려는 수행이라 모든 것을 다 버리고
모든 생각 비우기를 몇천 번이었던가
머리 터져 피 흘려도 멈출 수가 없는 공부
이 공부가 아니던가

2. 놓지 못해 우두커니 장승처럼 뭐꼬 하고 앉았는데
앞뒤 없어 몸마저도 공해버린 여기에서 이러-한 채
시간 간 줄 모른 채로 눈을 감고 얼마간을 지나던 중
한 때 홀연 큰 웃음에 화장계일세

맹 세

1. 내가 선택한 수행의 길에 나의 청춘을 묶었다
님 향해 눈 감고 합장에 담은 지극한 신심과 정성입니다
내 가슴에 못질을 하는 업심의 무게 속에서도
우리가 모신 스승님 자비 속에 눈물도 이젠 끝났다
너무도 쉽게 깨달아서 소중한지도 모르고
보림이 힘겨워 단 한 번도 감사하단 말도 못했네
백년도 우린 살지 못하고 이 몸은 흩어지지만
세세생생 우리 함께 하도록 열심히 정진하리라

2. 40여년쯤 지나 내 육신의 옷을 벗을 때가 되면
생사자재하여 스승님과 그 길을 함께 하리라
너무도 쉽게 깨달아서 소중한지도 모르고
보림이 힘겨워 큰 은혜에 감사하단 말도 못했네
백 년도 우린 살지 못하고 이 몸은 흩어지지만
세세생생 님의 은혜 갚는 길 온 중생 제도함이라
이 세상의 어떤 고난이 나를 막는다 하여도
내 전부인 오직 한 분 님 위해 살리라 님 위해 살리라

다시 올 수 없는 날

눈을 감은 합장으로 맹서합니다 언제나 같이 하길
모든 걸 버리고 출가를 했으니 기필코 성불하길
굳은 맹세를 하죠 일심기도를 하죠
내 생에 이처럼 의미깊은 날 다시는 올 수 없을 겁니다
스승님을 만난 걸 너무나 감사해요
이 생에서 생사자재하여 모두 함께 합시다
위로는 불지를 닦고 아래로는 교화를 하여
이 생에서 부처님의 크고 큰 은혜를 갚으리라

걱정 말라

1. 걱정 말라 걱정을 말라 불보살님 말씀대로만
행한다면 안 풀리는 일 없다 하지 않았던가
육근으로 보시를 하며 웃고 살자 웃고들 살자
백년 미만 우리네 인생 세상 만사 마음먹기 달렸다고
일러주시지 않았던가 걱정을 말라

2. 이리 봐도 저리를 봐도 모두 모두 내 살림일세
간섭할 수 없는 내 살림 아니 아니 그러한가
이리 펼치고 저리 펼쳐 육문으로 지은 복덕
베푸는 맛이 아니 좋은가 우리 사는 지구인 별 함께 가꿔
낙원으로 만들어서 살아들 보세

얼씨구나 절씨구나 한 판 놀음 덩실덩실 살아들 보세

따르렵니다

1. 우리 모두 합장 공경 하옵니다
크고 작은 근심 걱정 씻어주려
우릴 찾아 오셨으니 감사합니다 고맙습니다

2. 우리 모두 손에 손을 맞잡고서
즐거웁게 노래하고 춤을 추며
우리에게 오신 님을 경하합니다 축하합니다

3. 우리들의 깊은 잠을 깨워주셔
영생불멸 낙원의 삶 누리게끔
해주시려 오신 님을 공경합니다 따르렵니다

정한 일일세

우리네 삶이란 것
풀끝 이슬 아니던가
서로서로 위로하고 아끼면서
우리 모두 착한 삶이
이어져 가노라면
언젠가는 행복한
그날이 우리에게
찾아오는 것 정한 일일세
찾아오는 것 정한 일일세

효

1. 아들 딸이 귀엽고 사랑스런 그 속에 우리들의 부모님
어려움에도 끝내 가르치고 기른 정 이제 읽으며
늦은 눈물로써 불초를 뉘우치며 맹세하고 다짐하는
아들 딸이 여기 있으니, 건강히 오래만 사시기를
손 모아 손을 모아 간절하게 바라고 또 바라는
기도를 하옵니다 부모님 입이 귀에 걸리시게 할 겁니다

2. 어렵고도 어려운 보릿고개 그 속에 우리들을 먹이고
가르치느라 정말 그 얼마나 고생이 되셨습니까
허리 두 끈들을 졸라맨 아픔으로 사셨죠
정말 정말 오래도록 건강하게만 계셔주신다면
아들 딸을 낳으시고 길러주신 그 노고에 크게 보답할 겁니다
아버님 어머님의 입이 귀에 걸리시게 할 겁니다

바로보인의 책들

1. 바로보인 전등록 (전30권을 5권으로)

7불과 역대 조사의 말씀이 1,700공안으로 집대성되어 있는 선종 최고의 고전으로, 깨달음의 정수가 살아 숨쉬도록 새롭게 번역되었다.

464, 464, 472, 448, 432쪽.

각권 18,000원

2. 바로보인 무문관

황룡 무문 혜개 선사가 저술한 공안집으로 『전등록』, 『선문염송』, 『벽암록』 등과 함께 손꼽히는 선문의 명저이다.

본칙 48개와 무문 선사의 평창과 송, 여기에 역저자인 대원 문재현 선사의 도움말과 시송으로 생명과 같은 선문의 진수를 맛보여 주고 있다.

272쪽. 12,000원

3. 바로보인 벽암록

설두 선사의 『설두송고』를 원오 극근 선사가 수행자에게 제창한 것이 벽암록이다.

이 책은 본칙과 설두 선사의 송, 대원 문재현 선사의 도움말과 시송으로 이루어져, 벽암록을 오늘에 맞게 바로 보이고 있다.

456쪽. 15,000원

4. 바로보인 천부경

우리 민족 최고(最古)의 경전 천부경을 깨달음의 책으로 새롭게 바로 보였다. 이 책에는 81권의 화엄경을 81자에 함축한 듯한 천부경과, 교화경, 치화경의 내용이 함께 담겨 있으며, 역저자인 대원 문재현 선사가 도움말, 토끼뿔, 거북털 등으로 손쉽게 닦아 증득하는 문을 열어놓고 있다.

432쪽. 15,000원

5. 바로보인 금강경

대원 문재현 선사의 『바로보인 금강경』은 국내 최초로 독창적인 과목을 내어 부처님과 수보리 존자의 대화 이면의 숨은 뜻을 드러내고, 자문과 시송으로 본문의 핵심을 꿰뚫어 밝혀, 금강경 전체를 손바닥 안의 겨자씨를 보듯 설파하고 있다.

488쪽. 15,000원

6. 세월을 북채로 세상을 북삼아

대원 문재현 선사의 선시가 담긴 선시화집 『세월을 북채로 세상을 북삼아』는 선과 시와 그림이 정상에서 만나 어우러진 한바탕이다. 선의 세계를 누리는 불가사의한 일상의 노래, 법열의 환희로 취한 어깨춤과 같은 선시가 생생하고 눈부시게 내면의 소리로 흐른다.

180쪽. 15,000원

7. 영원한현실

애매모호한 구석이 없이 밝고 명쾌하여, 너무도 분명함에 오히려 그 깊이를 헤아리기 어려운, 대원 문재현 선사의 주옥같은 법문을 모아 놓은 법문집이다.

400쪽. 15,000원

8. 바로보인 신심명

신심명은 양끝을 들어 양끝을 쓸어버리는, 40 대치법으로 이루어진, 3조 승찬 대사의 게송이다.

이를 대원 문재현 선사가 바로 번역하는 것은 물론, 주해, 게송, 법문을 더해 통쾌하게 회통하고 자유자재 농한 것이 이 『바로보인 신심명』이다.

296쪽. 10,000원

9. 바로보인 환단고기 (전5권)

『바로보인 환단고기』 1권은 민족정신의 정수인 환단고기의 진리를 총정리하여 출간하였다.

2권에는 역사총론과 태초에서 배달국까지 역사가 실려있으며, 3권은 단군조선, 4권은 북부여에서부터 고려까지의 역사가 실려있다. 5권에는 역사를 증명하는 부록과 함께 환단고기 원문을 실었다.

264 · 368 · 264 · 352 · 344쪽. 각권 12,000원

10. 바로보인 선문염송 (전30권 중 22권)

선문염송은 세계최대의 공안집이다. 전 공안을 망라하다시피 했기에 불조의 법 쓰는 바를 손바닥 들여다보듯 하지 않고는 제대로 번역할 수 없다. 대원 문재현 선사는 전 공안을 바로 참구할 수 있게끔 번역하고 각 칙마다 일러보였다.

352 368 344 352 360 360 400 440 376 392 384 428 410 380 368 434 400 404 406 440 424 460쪽

각권 15,000원

11. 앞뜰에 국화꽃 곱고 북산에 첫눈 희다

대원 문재현 선사의 선문답집으로 전강·경봉·숭산·묵산 선사와의 명쾌한 문답을 실었으며, 중앙일보의 <한국불교의 큰스님 선문답> 열 분의 기사와 기자의 질문에 대한 대원 문재현 선사의 별답을 함께 실었다.

200쪽. 5,000원

12. 바로보인 증도가

선종사에 사라지지 않을 발자취로 남은 영가 선사의 증도가를 대원 문재현 선사가 번역하고 법문과 송을 더하였다.

자비의 방편인 증도가의 말씀을 하나하나 쳐가는 선사의 일갈이야말로 영가 선사의 본의중과 일치하여 부합하는 것이라 아니할 수 없다.

376쪽. 10,000원

13. 바로보인 반야심경

이 시대의 야부 선사, 대원 문재현 선사가 최초로 반야심경에 과목을 붙여 반야심경 내면에 흐르는 뜻을 밀밀하게 밝혀놓고 거침없는 송으로 들어보였다.

200쪽. 10,000원

14. 선(禪)을 묻는 그대에게 (전10권 중 2권)

대원 문재현 선사의 선수행에 대한 문답집. 깨달아 사무친 경지에 대한 밀밀한 점검과, 오후보림에 대한 구체적인 수행법 제시와, 최초의 무명과 우주생성의 원리까지 낱낱이 설한 법문이 담겨 있다.

280쪽, 272쪽. 각권 15,000원

15. 바로보인 선가귀감

선가귀감은 깨닫고 닦아가는 비법이 고스란히 전수되어 있는 선가의 거울이라 할 만하다. 더욱이 바로보인 선가귀감은 매 소절마다 대원 문재현 선사의 시송이 화살을 과녁에 적중시키듯 역대 조사와 서산대사의 의중을 꿰뚫어 보석처럼 빛나고 있다.

352쪽. 15,000원

16. 바로보인 법융선사 심명

심명 99절의 한 소절, 한 소절이 이름 그대로 마음에 새겨두어야 할 자비광명들이다.
이 심명은 언어와 문자이면서 언어와 문자를 초월한 일상을 영위하게 하는 주옥같은 법문이다.

278쪽. 12,000원

17. 주머니 속의 심경

반야심경은 부처님이 설하신 경 중에서도 절제된 경으로 으뜸가는 경이다. 대원 문재현 선사의 선송(禪頌)도 그 뜻을 따라 간략하나 선의 풍미를 한껏 담고 있다. 하루에 한 소절씩을 읽고 참구한다면 선 수행의 지름길이 될 것이다.

84쪽. 5,000원

18. 바로보인 법성게

법성게는 한마디로 화엄경의 핵심부를 온통 훤출히 드러내놓은 게송이다. 짧은 글 속에 일체의 법을 이렇게 통렬하게 담아놓은 법문도 드물 것이다.
이렇게 함축된 법성게 법문을 대원 문재현 선사가 속속들이 밀밀하게 설해놓았다.

160쪽. 10,000원

19. 달다 - 전강 대선사 법어집

이제는 전설이 된 한국 근대선의 거목인 전강 선사님의 최상승법과 예리한 지혜, 선기로 넘쳤던 삶이 생생하게 담겨 있는 전강 대선사 법어집 < 달다 > !

전강 대선사님의 인가 제자인 대원 문재현 선사가 전강 대선사님의 법거량과 법문, 일화를 재조명하여 보였다.

304쪽. 15,000원

20. 기우목동가

그 뜻이 심오하여 번역하기 어려웠던 말계지은 선사의 기우목동가!

대원 문재현 선사가 바른 뜻이 드러나도록 번역하고, 간결한 결문과 주옥같은 선송으로 다시 보였다.

146쪽. 10,000원

21. 초발심자경문

이 초발심자경문은 한문을 새기는 힘인 문리를 터득하게 하기 위하여 일부러 의역하지 않고 직역하였다.

대원 문재현 선사의 살아있는 수행지침도 실려 있다.

266쪽. 10,000원

22. 방거사어록

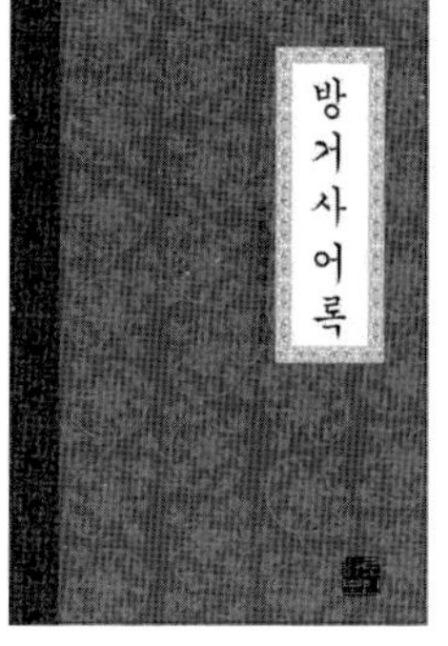

방거사어록은 선의 일상, 선의 누림을 보여주는 대표적인 선문이다. 역저자인 대원 문재현 선사는 방거사어록의 문답을 '본연의 바탕에서 꽃피우는 일상의 함'이라 말하고 있다. 법의 흔적마저 없는 문답의 경지를 온전하게 드러내 놓은 번역과, 방거사와 호흡을 함께 하는 듯한 '토끼뿔'이 실려 있다.

266쪽. 15,000원

23. 실증설

대원 문재현 선사가 2010년 2월 14일 구정을 맞이하여 불자들에게 불법의 참뜻을 보이기 위해, 홀연히 펜을 들어 일시에 써내려간 실증설. 실증한 이가 아니고는 설파할 수 없는 일구의 도리로 보인 1부와, 태초로부터 영겁에 이르는 성품의 이치를 낱낱이 법문으로 설한 2, 3부를 보아 실증하기를…

198쪽. 10,000원

24. 하택신회대사 현종기

육조대사의 법이 중국천하에 우뚝하도록 한 장본인, 하택신회대사의 현종기. 세간에 지해종도로 알려져 있는 편견을 불식시키는 뛰어난 깨달음의 경지가 여기에 담겨있다. 대원 문재현 선사가 하택신회대사의 실경지를 드러내고 바로보임으로써 빛냈다.

232쪽. 10,000원

25. 불조정맥 - 韓英中 3개국어판

석가모니불로부터 현 78대에 이르기까지 불조정맥진영(佛祖正脈眞影)과 정맥전법게(正脈傳法偈)를 온전하게 갖춘 최초의 불조정맥서. 대원 문재현 선사가 다년간 수집, 정리하여 기도와 관조 끝에 완성한 '불조정맥'을 3개국어로 완역하였다.

216쪽. 20,000원

26. 바른 불자가 됩시다

참된 발심을 하여 바른 신앙, 바른 수행을 하고자 해도, 그 기준을 알지 못해 방황하는 불자님들을 위해 불법의 바른 길잡이 역할을 하도록 대원 문재현 선사가 집필하여 출간하였다.

162쪽. 10,000원

27. 누구나 궁금한 33가지

21세기의 인류를 위해 모든 이들이 가장 어렵고 궁금해 하는 문제, 삶과 죽음, 종교와 진리에 대한 바른 지표를 제시하고자 대원 문재현 선사가 집필하여 출간하였다.

180쪽. 10,000원

28. 108진참회문 - 韓英中 3개국어판

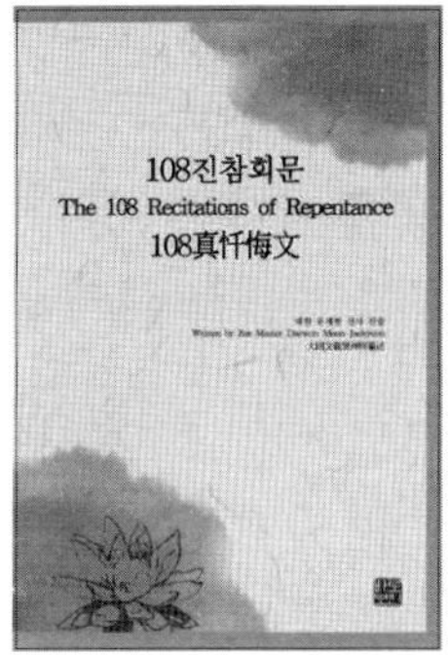

전생의 모든 악연들이 사라져 장애가 없어지고, 소망하는 삶을 살게 하기 위해 대원 문재현 선사가 10계를 위주로 구성한 108 항목의 참회문이다. 한 대목마다 1배를 하여 108배를 실천할 것을 권한다.

170쪽. 15,000원

29. 달마의 일할도 허락지 않는다

대원 문재현 선사의 짧고 명쾌한 법문집. 책을 잡는 순간 달마의 일할도 허락지 않는 선기와 맞닥뜨리게 될 것이다. 때로는 하늘을 찌를 듯한 기세와, 때로는 흔적 없는 공기와도 같은 향기를 일별하기를…

190쪽. 10,000원

30. 마음대로 앉아 죽고 서서 죽고

생사를 자재한 분들의 앉아서 열반하고 서서 열반한 내력은 물론 그분들의 생애와 법까지 일목요연하게 수록해놓았다.

446쪽. 15,000원

31. 화두 - 韓英中 3개국어판

'화두'는 대원 문재현 선사님 평생의 선문답의 결정판이다. 생생히 살아있는 선(禪)을 한영중 3개국어로 만날 수 있다. 특히 대원 문재현 선사님의 짧은 일대기가 3개국어로 실려 있어 그 선풍을 음미하는 데에 큰 도움을 주고 있다.

440쪽. 15,000원

법문 MP3를 주문판매합니다

부처님의 78대손이신 대원(大圓) 문재현(文載賢) 전법선사님의 법문 MP3가 나왔습니다. 책으로만 보아서는 고준하여 알기 어려웠던 선문(禪文)의 이치들이 자세히 설하여져 있어서, 모든 궁금증을 시원하게 풀어줄 것입니다.

- 바로보인 천부경 : 15,000원
- 바로보인 금강경 : 40,000원
- 바로보인 신심명 : 30,000원
- 바로보인 법성게 : 10,000원
- 바로보인 현종기 : 65,000원
- 바로보인 법융선사 심명 : 100,000원
- 바로보인 반야심경 : 1회당 5,000원 (총 32회)
- 바로보인 선가귀감 : 1회당 5,000원 (총 80회 예정, 현재 73회)

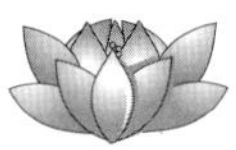

대원 선사님 작사 노래 CD 주문판매합니다

• 가격 : 2만원

• 가격 : 1만5천원

문의 전화 ☎ 031-534-3373